文景

————

Horizon

社 科 新 知　文 艺 新 潮

物·画·影

穿衣镜全球小史

〔美〕巫鸿 著

上海人民出版社

献 给 普 林 斯 顿 树 林

目 录

解 题 一个虚构的微电影脚本

记者（跑，喘气）　　　　对不起，能问您几个问题吗？

作者（转身，停下）　　　好吧，可是我只有几分钟……

记者（翻开笔记本）　　　谢谢，不会长。听说您又要出一本书，能
　　　　　　　　　　　　用一句话概括一下吗？

作者（用手摸下巴）　　　一句话？

记者（拿出自动笔）　　　是啊。您不是只有几分钟吗？

作者（犹豫）　　　　　　那就两句吧——一句说给学术圈里的人，
　　　　　　　　　　　　一句给圈外的……

记者（微笑）　　　　　　行吧。每种读者得到的还是一句。

作者（搓手）　　　　　　给学术圈的就是这本书的主标题——"物"
　　　　　　　　　　　　是物件，"画"是绘画，"影"是摄影；这
　　　　　　　　　　　　本书想找个角度把这三者串起来，放在全
　　　　　　　　　　　　球语境里看它们的关系。

记者（记录）　　　　　　放在全球语境里……好。那么给大众读者
　　　　　　　　　　　　的呢？

作者（把手插进裤兜）　　就是讲个有意思的故事，主角是穿衣镜。

记者（从笔记本上抬起头来）　为什么是穿衣镜呢？是个寓言吗？

1

作者（面呈严肃）	不是，是本学术书，美术史书，也关系到文化史。这是本比较轻松的书，希望大家都能读。主角是穿衣镜，是因为这个东西把物件、绘画和摄影都串起来了，而且是在全球环境里串起来了。它带着我们去到不同地方，遇到各式各样的帝王、艺术家、作家、民众……
记者（快速记笔记）	这是个中国故事还是外国故事？
作者（把手从裤兜里拿出来）	都是，因为是关于全球的。可是故事的主要部分还是在中国——毕竟中国美术史是我的本行……
记者（翻过笔记本的一页）	那么这个故事是关于古代还是关于现代的呢？穿衣镜古代也有吧？
作者（看手表）	古代也有，但是很少。这故事主要是关于近代和现代的，因为只有到了近现代才有大玻璃镜，穿衣镜才成为全球共享的一种东西，也才把奢侈品、绘画、影像串在全球流通里。实际上这个故事就是讲这些流通是怎么发生的。好了，必须走了。
记者（飞速地记）	这些流通是怎么发生的……好，谢谢了。
作者（转身离开）	不谢。

楔 子 "史前"大镜

明代文学点评家金圣叹曾经说小说前面的"楔子"是"以物出物之谓也",意思是以一段情节引出随后的主要故事。此处的"楔子"也是这个意思,以古代的大镜引出近现代穿衣镜的历史。

把这些大镜说成是"史前",不是说它们来自原始社会,而是因为它们出现在镜子的全球化历史之前。就像这本书后边要说到的,这个全球历史开始于17—18世纪,玻璃穿衣镜被发明,通过跨国贸易在世界上流通,并且在全球各地引发出相互关联的视觉联想和艺术创造。在这之前,能够映照全身的大镜子虽然存在但数量稀少,更多是文学和艺术想象的产物。无论是真实的还是想象的,这些古代的大镜都属于相对独立的地区文化传统,彼此之间没有什么明显的联系,因此被放进这个楔子之中。

让我们从古希腊人和罗马人开始——他们留下了一大批有关镜子的实物和文字。浏览这些材料,我们发现虽然尺度不凡的大镜或具有镜子功能的大型物体也见于文学描写和图画之中,但是传世和考古发现的希腊罗马古镜全都是手执的小型照面镜。文学写作或将大镜作为人神交通的灵物,或将其联系到自恋和色情幻想。作为前者,旅行家和地理学家波桑尼阿斯(Pausanias,公元2世纪)在他的《希腊志》中记述了伯罗奔尼撒半岛上阿卡狄亚的一座著名神庙，其中供奉着最受当地人尊敬的女神德斯波伊娜（Despoina）和她的伴从。神庙入口右方的墙上镶着一面镜子，人们在镜中看到的自己或是朦朦胧胧或是一片虚空，但是德斯波伊娜和其他神灵以及她们的宝座却都历历在目。[1] 这段文字没有详细描述镜子的样子，但它的尺度肯定相当可观，否则绝无可能反射出众女神和她们的坐处。[2] 与这个传说在概念上似乎有关的是一份关于镜像的希腊文稿，其中讲到如果以特定方式安置镜子，观者在镜面上看到的将不是他自己和旁边的人，而是预先布置好的一幅画面。这份丢失了的文稿引起后人的不少猜测，但所有想象性的重构和设计都难以证明就是古代的情况（图 I.1）。[3]

牵涉身体自恋和色情幻想，著名罗马哲学家和剧作家塞内卡（全名卢修斯·阿奈乌斯·塞内卡，Lucius Annaeus Seneca，约公元前 4 年—公元 65 年）对镜子的这两个用途都曾有所谈论。有关前者他描写了罗马城公共浴池，墙上"挂满巨大而昂贵的金属镜子"，反映出浴者的赤裸身体。他还十分细致地记述了一个名叫赫斯提乌

1　Pausanias, *Description of Greece*. Translation by W. H. S Jones and H. A. Ormerod, 8.37.7.

2　细节见 Patrick R. Crowley, *The Phantom Image: Seeing the Dead in Ancient Rome*, Chicago: The University of Chicago Press, 2019, pp. 223–226。

3　一份很认真的提案见于 W. Schmidt, *Heronis Alexandrini Opera quae supersunt omnia* 2.1. In L. Nix and W. Schmidt, eds., *Herons von Alexandria Mechanik und Katoptrik*. Leipzig: Teubner, 1900。

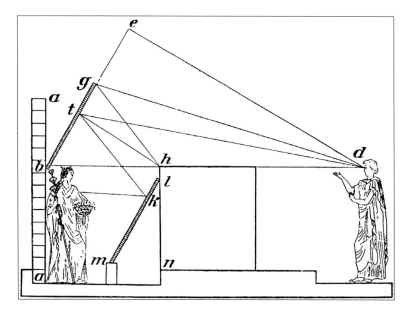

图 I.1　威廉・施密特（Wilhelm Schmidt）对古代希腊使用大镜制造幻象方法的想象性重构。1900 年绘制

斯・夸德拉（Hostius Quadra）的放荡富人，使用硕大的凹形金属镜窥视自己的性事活动。[4] 虽然他也没有明确记述这些镜子的尺寸，但如果能够映射浴池中的裸体和卧室中的交合男女，它们的尺寸必然比手执的照面镜大上许多。

　　在具有大镜功能的古希腊物件中，最重要的是武士使用的盾牌。实际上，由于盾牌的圆盘形状，它在绘画中有时会被误以为

4　见 Mark Pendergrast, *Mirror, Mirror: A History of the Human Love Affair with Reflection*, Basic Books, 2003, pp. 14–15。

图 I.2　忒提斯观看赫淮斯托斯打造的盾牌。庞贝壁画，1世纪，那不勒斯国家考古博物馆藏

是镜子，就如我们在一幅公元 1 世纪的精美罗马壁画中看到的那样（图 I.2）。这幅画是在被火山灰埋没的庞贝城中发现的，原来绘在一座被称作"帕奇乌斯·亚历山大之家"的贵族宅院之中（The Casa di Paccius Alexander，Pompeii IX.1.7）。画中描绘的是一个著名的希腊神话故事。画面右边坐着身穿一袭淡蓝色丝袍的女神忒提斯（Thetis），右手托颊注视着前方。她凝视的对象是一个硕大圆盘，由两名壮实男性举在半空；圆盘之后坐着的男子是火神赫淮斯托斯（Hephaestus）——他是希腊众神中最了不起的工匠。这幅画描绘的是荷马《伊利亚特》史诗中的一个情节：史诗主角、半神英雄阿喀琉斯（Achilles）决定重返战场为朋友复仇，他的母亲、海洋女神忒提斯前往赫淮斯托斯的工作室，请火神为她的儿子打造一套铠甲和盾牌。

赫淮斯托斯准其所请，发挥神技创造了一个神人都从未见过的盾牌——实际上是整个宇宙的缩影。盾牌表面不但显示出海洋、大陆和天空中的星座，而且还有城市、乡村、果园、山谷以及生活其中的人们。这个富有深意的形象成了罗马艺术家和贵族赞助人的钟爱主题，以之为主题的壁画在庞贝的庭院里至少出现了六次。这些壁画构图类似，都把忒提斯和举着盾牌的赫淮斯托斯表现成面对面的主角（图 I.3 a，b）。在大部分壁画中，火神举起的盾牌上显示出广袤的大地和弯曲的江河，作为无限宇宙的图像转喻（图 I.4）。但当我们转回到"帕奇乌斯·亚历山大之家"中的相同主题壁画的时候，我们发现画家做了一个重要改动（图 I.5）：这里的盾牌不再显示山川河流，而是反射出海洋女神自己的形象。盾牌上的她同样穿

a

b

图 I.3（a，b） 庞贝出土的描绘忒提斯访问火神作坊的不同壁画。1 世纪

图 I.4　忒提斯访问火神作坊。庞贝壁画线描图。尼古拉·拉·沃尔佩（Nicola La Volpe）绘

图 I.5　图 I.2 细部

着淡蓝的长袍，在暗色背景前以手托颊，只是方向完全相反。由此赫淮斯托斯的盾牌被转化成一个可以映照人物全身的大镜。

画家在这里强调的因此不再是盾牌的宇宙象征意义，而是它光亮如镜的表面。但是把盾牌描绘成一面大镜，他也可能在玩弄一个"互文性"（intertextual）的游戏——把忒提斯观看盾牌的情节，与希腊神话中另一个有关盾牌和镜面映像的著名故事在观者的想象中联结起来，以产生诙谐的效果。实际上，说起希腊神话中的盾牌和映像，大部分人——包括 1 世纪的罗马人——马上想到的肯定是珀耳修斯（Perseus）杀死美杜莎（Medusa）的事迹。

这个故事太著名了以至不用在此多说。大致的情节是，为了获得自由，珀耳修斯必须割下并带回蛇发女妖美杜莎的头，可是美杜莎有一项致命的武器：她的眼光会把任何看到她的人变成石头。女神雅典娜（Athena）希望珀耳修斯成功，给了他一面光辉的盾牌并告诉他：唯一避免变成石头的方法是从盾牌的映像中看到美杜莎并杀掉她。珀耳修斯找到美杜莎和其他两个正在睡觉的戈耳贡女妖。按照雅典娜的指示，他看着盾牌上的映像走近美杜莎，割下她长满毒蛇的头，在隐身头盔的帮助下从戈耳贡女妖的追逐下逃走。最后珀耳修斯把美杜莎的头颅献给了雅典娜，这个女神将它镶嵌在同是由赫淮斯托斯制作的埃癸斯神盾上，使其具有让敌人在转瞬间化为石头的能力。

许多希腊瓶画描绘了饰有美杜莎头像的盾牌，上面赫然显现着妖女的蛇发头颅（图 I.6）。画家似乎在和观者开玩笑：你现在正

图 I.6　希腊黑绘瓶画。公元前 6 世纪，巴黎卢浮宫藏

对着这个可怕的头——或者说这个可怕的头正对着你，那你是不是
已经变成了石头，再也无法使用你的眼睛观看？另一些盾牌也显示
出美杜莎的头，但却不是雅典娜的神盾，而是珀耳修斯用来杀死美
杜莎的盾牌，上面也不是女妖的真正头颅而是它的倒影。如此一例
见于公元前 4 世纪的一只红绘希腊陶瓶上，现由波士顿美术馆收藏
（图 I.7）：站在右方的雅典娜左手执矛，右手高举着珀耳修斯献给她
的美杜莎的头。对面站着头戴隐身帽的珀耳修斯，低着头若有所思。
他的目光把我们的视线引到放在地上的盾牌，上面隐约显出美杜莎

图 I.7　珀耳修斯将美杜莎的头献给雅典娜。希腊红绘瓶画，公元前 4 世纪，波士顿美术馆藏

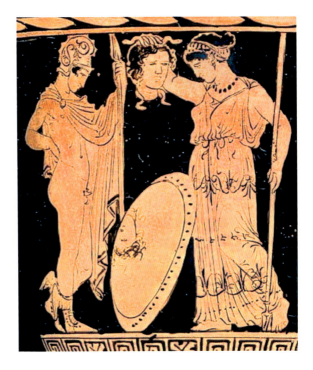

图 I.8　图 I.7 细部

的头颅（图 I.8）。

这是一个相当复杂的图像。一方面，从直观上说，盾牌应是映射着雅典娜手执的美杜莎的头，它的作用有如现实中的一面镜子。但这个镜像也使观者想起故事中的更早情节，即珀耳修斯把这面盾牌用作镜子，通过它的反射割下美杜莎的头颅。在这种联想中，盾牌上的美杜莎镜像勾起对往事的回忆，似乎妖女的形象已经渗入这面"镜盾"之内，成为这个器物的自我记忆。

§

在遥远的东方，与罗马同时的中国汉代也留下了大量铜镜和有关镜子的写作。检索之下，绝大多数汉镜也都是小型的"容镜"，虽不像希腊铜镜那样有柄可执，但也可以用手擎着或者放在镜架上使用，如我们在武氏祠画像和《女史箴图》里看到的那样（图 I.9，I.10）。可照全身的大镜闻所未闻，就是志怪文学也没有提到过。但是在 1979 年，山东省考古人员在淄博市大武乡窝托村的一座西汉大墓中发现了一面长方形铜板，长 1.15 米，宽 58 厘米，厚 1.2 厘米，重达 56.5 公斤。它的一面平滑无饰，见过的人说是"虽在地下埋藏了两千多年，至今光亮可鉴"。另一面则以连弧纹列于长边边缘，中间部分以浅浮雕表现云间飞龙。龙身细长，舒展自如，龙首高昂，张口吐舌（图 I.11）。

这是面镜子吗？如果是的话又是做什么用的呢？真是如我们现代人理解的穿衣镜吗？众说纷纭之中，一些人认为它虽是镜子但却不是给常人使用的，而是用来辟邪的照妖镜或"温明"——后者是汉墓中用来保护尸体的一种特殊丧葬用具。由于这个物件是从坟墓里挖出来的，又没有文献和其他器物作为佐证，这个说法至少提供了可备一说的猜测。

但这个猜测在三十五年之后被另一个考古发掘推翻了，那就是吸引了举国上下注意力的海昏侯刘贺墓的发掘。刘贺（死于公元前 59 年）是个传奇性的悲剧人物：他是汉武帝的孙子，开始时被封为

图 I.9　武氏祠前石室画像照
镜图。山东嘉祥，2 世纪中叶

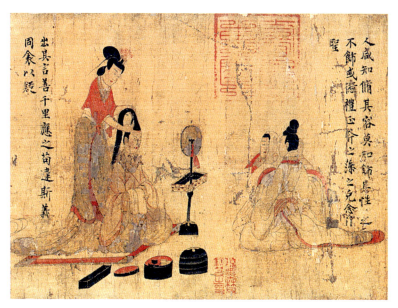

图 I.10　（传）顾恺之《女史箴图》局部。手卷，5 世纪下叶，大英博物馆藏

15

图 I.11　铜衣镜。淄博市大武乡窝托村西汉大墓出土，公元前 1 世纪

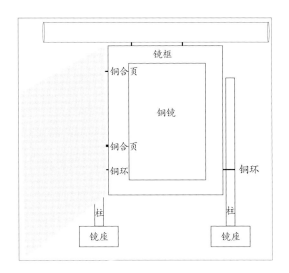

図I.12 海昏侯墓出土
衣镜结构复原。出自
《南方文物》62页图4

昌邑王，汉昭帝驾崩后被推上宝座，但只当了二十七天皇帝就被废
黜。他先是被送回山东昌邑故地然后被发放到遥远的江西，在海昏
侯的爵位上浑浑噩噩地结束了一生。他的墓里出土了一件与"淄博
方镜"类似的长方形铜板，复原后长70.3厘米，宽46.5厘米，厚
1.2厘米。有趣的是它的背面也有五个同样的半环状钮，因此虽然两
件器物尺寸上略有差别，但肯定属于一类用品。

　　使考古学家最为兴奋的是，海昏侯墓出土的这面铜板带有一个
木质髹漆的外框，经复原可见其完整结构（图I.12）。[5] 木框前后绘

5　关于此镜的介绍，见王意乐、徐长青、杨军、管理，《海昏侯刘贺墓出土孔子衣镜》，
　　载《南方文物》，2016年第3期，第61—70页。

有各种图像，框前面还有一个活动门扉，上面题有一篇韵文，起首两句是："新就衣镜兮佳以明，质直见请兮政以方。幸得降灵兮奉景光，修容侍侧兮辟非常。"这种器物的性质因此再无疑问：它的名称是"衣镜"，它的首要功能是"修容"。

但就这面镜子来说，"修容"只说明了它的实际用途，而不能涵盖它的象征意义。这种意义由它承载的多个图像和大量文字透露出来。镜框正面上缘中部画着一只巨大的赤凤，辅以东王公和西王母；镜框两边画着青龙和白虎（图I.13）；镜框背面绘有孔子及五个弟子

上方边框的赤凤与东王公、西王母

左侧边框上的白虎

右侧边框上的青龙

镜框下方图像

图I.13　海昏侯墓出土衣镜框前部画像。出自《南方文物》62页图6

的肖像并节录了有关文献（图 I.14）。这些图像元素都出现在木框的门扉——或称为"镜掩"——上书写的一篇文字中，学者将其定名为《衣镜赋》。以下按文意分三段录出。

新就衣镜兮佳以明，质直见请兮政以方。幸得降灵兮奉景光，修容待侧兮辟非常。猛兽鸳虫兮守户房，据两蜚廉兮囫凶殃。傀伟奇物兮除不详。

右白虎兮左苍龙，下有玄鹤兮上凤凰。西王母兮东王公，

图 I.14　海昏侯墓出土衣镜框后部画像。出自《南方文物》63 页图 7

福熹所归兮淳恩臧。左右尚之兮日益昌。

□□□圣人兮孔子，□□之徒颜回卜商。临观其意兮不亦康，[心]气和平兮顺阴阳。[千秋万]岁兮乐未央，□□□□□皆蒙庆，□□□□□□□□。

首段赞美这面镜子既新又好，它的光辉引来神灵护佑其拥有者，使他避免任何灾祸和不祥。第二段转而从正面意义上述说镜子的好处：装饰着西王母、东王公以及龙虎凤鸟的形象，它会给使用者带来幸福和昌盛。最后一段引先圣孔子及其弟子为楷模，告诫镜子的所有者在逆境中也要心气和平，顺应阴阳之道，才能益寿延年，终身安乐。

由于镜子上的孔子形象是在中国美术史里第一次出现，而且孔子在中国历史中又如此声名显赫，发掘者遂将这面镜子定名为"孔子衣镜"。但实际上孔子只是镜上诸多图像中的一个，而且出现在镜背上。更恰当的定名可能应该是"海昏侯衣镜"或"海昏侯刘贺衣镜"。

"衣镜"很容易使人联想起现代汉语里的"穿衣镜"，但这个词对公元前1世纪的汉代人说来可能具有特殊的含义。我很怀疑它是"扆镜"的简写。"扆"，从户衣声，是一种屏风的称谓——《礼记·曲礼》中说"疏扆状如屏风"。从"海昏侯衣镜"的复原图看，整个物件通高1.5米左右，立在地上非常像一架屏风（见图I.12）。尤其是对于坐在席上或矮榻上的汉代人来说，更可起到镜与屏的双重功效。

如果这个说法有些道理的话，我们就可以把"衣镜"理解为"镜屏"，后者是古代人习用的词，而且是不少奇闻轶事的中心角色。唐宋之间诸种杂史笔记如《迷楼记》《海山记》《大业拾遗记》等，都报道了隋炀帝的三十六面乌铜屏，"其高五尺而阔三尺，磨以成鉴，为屏，可环于寝所，诣阙投进。帝以屏内迷楼而御女于其中，纤毫皆入于鉴中"(《迷楼记》)。这一轶闻使我们回想起塞内卡记述的夸德拉的故事，二者都把大镜和"窥淫癖"联系起来。

§

　　虽然古代文学中不乏对大镜的想象性记载，但在传世收藏和考古发现中却很少见到。[6] 上面所说的两面西汉"衣镜"，实际上构成了目前所知用于生活起居的古代大镜的全部实物。一位名叫王福谆的现代研究者不太相信这个结论，因此花了不少时间进行调查，最后给他找到了六面尺寸超过 1 米的明代大铜镜。[7] 但是如果仔细阅读他的报道，我们会发现这些所谓的"镜子"都是为庙宇制造的，有

6　一则记载见于《朝野佥载》，说唐中宗令扬州造方丈镜："帝每骑马自照，人马并在镜中。"《初学记》中录有《陆机与弟云书》曰："仁寿殿前有大方铜镜，高五尺余，广三尺二寸。暗著庭中，向之便写人形体。"《隋书》则记有隋文帝之子、秦王杨俊所建的一座镜殿："又为水殿，香涂粉壁，玉砌金阶。梁柱楣栋之间，周以明镜，间以宝珠，极荣饰之美。每与宾客妓女弦歌于其上。"

7　王福谆，《古代大铜镜》，载《铸造设备与工艺》，2014 年第 5 期，第 54—58 页。

的置于大殿藻井正中，有的是高悬于房梁上的"照妖镜"。他的工作因此更加证明了大镜在17—18世纪以前从未真正被应用在日常生活之中。究其原因应该还是青铜镜本身的局限：虽然一些古代文献描写上等铜镜何等明亮，"鬓眉微豪可得察之"，[8] 但是如果做成1平方米以上的面积，在没有现代技术的情况下不但难以保证镜面光洁度一致，而且几步之外看到的镜中身影恐怕也只能以"影影幢幢"来形容。这很可能就是为什么在西汉"衣镜"的初期实验后，这种镜屏并未在生活中实际使用，而只是在人们的想象中得到不断发挥。

一种想象中持久不息的大镜并不映照人的真实面貌，而是能够彰显表面上看不见的东西，不论是身体中隐藏的疾病、前生积下的恶业，还是魑魅魍魉的原形。据《西京杂记》，汉高祖攻入咸阳宫时见到秦代遗物中"有方镜，广四尺，高五尺九寸，表里有明。人直来照之，影则倒见，以手扪心而来，即见肠胃五脏，历然无碍。人有疾病在内，掩心而照之，则知病之所在。女子有邪心，则胆张心动。秦始皇常以照宫人，胆张心动者则杀之"。这个有点像是古代测谎器的大镜随即以"秦王照胆镜"或"始皇照骨镜"闻名于世，被用在小说戏曲之中。我们在后面还会说到它。

另一种想象中的大镜是地狱中能够映出生前罪孽的"业镜"。据说人死后，亡魂将进入阴曹地府受十王审判。第一个要见的是秦广

---

8 语见《淮南子·修务训》："明镜之始下型，朦然未见形容，及其粉以玄锡，摩以白旃，鬓眉微豪可得察之。"这里叙述的应该是贴近观镜的情况，不同于以大镜映照全身。

王，其职司是管理人的夭寿生死，幽冥吉凶。如果来者被他裁定是善人则会被接引超升，积福特别深厚的将越过地狱苦难，直接投生世间，而恶多善少者则被押到称为"孽镜台"的高台。这个台高一丈，镜阔十围，罪人将在镜中看到自己在世之时犯下的罪孽，然后被批解到第二殿继续受地狱之苦。

这个传说的一个变体是把照镜的细节移到由阎罗王主管的第五层地狱之中。敦煌藏经洞储存的若干9—10世纪的《佛说十王经》图卷就是按照这个版本描绘的。图 I.15 是法国国家图书馆藏 P.2003 号卷子的一段画面，显示死者灵魂在五七日过阎罗王殿的场景。图中阎罗王端坐于案后，案两侧站着善恶童子，案前方一个官员正在

图 I.15 《佛说十王经》图卷中的阎罗王殿。法国国家图书馆藏 P. 2003 号敦煌卷子局部，10 世纪

屈膝报告。官员身后画一"业镜",镜中照出罪人生前杀牛的景象。镜前四人应是被审判的罪人,其中一人赤身戴枷,面对镜子看着自己造下的罪业。这类图画源远流长,流传极广,大量复制品中有时也会出现佳作,如大都会艺术博物馆藏的一幅宋代挂轴,表现的是罪人照业镜的同一瞬间(图I.16)。

除了这两类想象中的大镜之外,还有一类"法镜"和道教传统联系紧密,是可以鉴视万物、将妖魔鬼怪照现原形的神物。后代文学家创作小说和戏曲作品的时候,他们往往从这些古老传统中吸取灵感,自由地将其混合,想象出新的大镜。汤显祖的名剧《牡丹亭》就结束于富于创造性的一个"照镜"场面,被图绘在由两页合成的一张明代插图里(图I.17)。

这是该剧第五十五出《圆驾》,发生在皇宫中的金銮殿前。此时柳梦梅已经中了状元,杜丽娘返魂之后也尾随来到京城,二人只期结成夫妻白头偕老。但是丽娘的父亲杜平章不信返魂之事,劾奏柳梦梅系劫坟之贼,丽娘则是妖魂托名,俱应诛伐。双方来到皇帝面前对质,争执不下。皇帝随后想出一个解决方法:"朕闻人行有影,鬼形怕镜。定时台上有秦朝照胆镜。黄门官,可同杜丽娘照镜,看花阴之下有无踪影回奏。"[9]结果是"丽娘有踪有影,的系人身",这场戏也就以大团圆场面结尾。

有意思的是,在描绘这出戏的时候,明代万历年间的插图画家

---

9 汤显祖,《牡丹亭》,北京:人民文学出版社,1963年,第263页。

图 I.16 《十王图》。立轴，绢本彩墨，南宋，大都会艺术博物馆藏

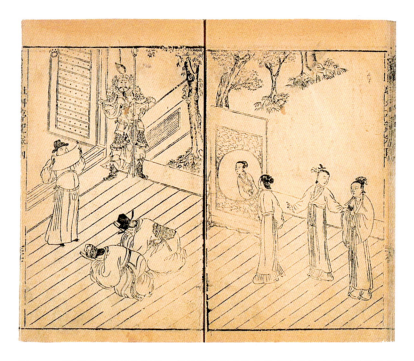

图 I.17 《牡丹亭·圆驾》插图。郁郁堂藏板《绣像传奇十种》中《新刻牡丹亭还魂记》，明万历年间

把这个"秦朝照胆镜"设计成了屏风模样，在长方形屏面中间镶上了一面大圆镜。由于没有任何实物或文献能够证明这种特殊"镜屏"确实存在，这个奇特的图像应是画家的个人创造。他的想象结合了三个来源，一是上面说到的映射亡魂罪孽的业镜（见图 I.15，I.16），二是明代版画中映照女子面容的圆镜（图 I.18），三是古代绘画中的仕女屏风（见图 2.2，2.3）。《牡丹亭》的故事为他提供了一个契机，将三者合并入一架想象的"镜屏"中。

图 I.18 闵齐伋《西厢记》插图。17 世纪，科隆东亚美术馆藏

上 编　物件与映像

第一章

从凡尔赛到紫禁城：
东西方联合创造穿衣镜

穿衣镜又名全身镜，后者是英文 full-length mirror 的中译。其他通用的中英名称还有立镜（standing mirror）、落地镜（floor mirror）等，指的都是立在地上、可照见全身的高大玻璃镜。虽然人们有时也把装在墙上、门上和衣柜上的竖镜称作穿衣镜，本书为了严谨起见，把这几个类型称为"壁镜""门镜"和"柜镜"，而只将有座架、可以移动的独立镜子叫作"穿衣镜"。

一说起立在地上的玻璃穿衣镜，大部分人都会自然而然地认为它起源于欧洲。这个直觉可以说一半对一半不对。一半对的原因，是因为制造穿衣镜的玻璃镜面确实是欧洲工匠发明的，在 20 世纪以前也多在欧洲生产。但是立在地上、可以移动的镜子形式呢？那就不一定是欧洲的原创了。实际上，本书将提出一个大胆的建议：立在地上的大镜是在中国最先出现的。如果读者在本节讨论后接受这个看法，那么关于谁最先发明穿衣镜的问题，就只能说是东西方联合的创造：欧洲提供了大玻璃镜面，中国则从它的屏风传统中演绎出"镜屏"这种物件。但在达成这个结论之前我们还需要经过几步论证，首先的一步是要了解一下 17 和 18 世纪的欧洲人怎么制造和使用大型玻璃镜。

壁镜的时代

欧洲大镜历史中的一个关键事件，是法国人于 1664 年从意大利人那里"盗取"了制造玻璃镜的秘密，在随后的半个世纪中发展出世界上最先进的制造大型玻璃镜的技术。在这之前，威尼斯一直执玻璃镜制造业之牛耳。特别是在 1507 年之后，那里的制镜匠发明了以锡和水银合金镀在镜背的方法，威尼斯镜就成了一种高档商品，也成为欧洲君主和贵族渴求之物。但是在 1664 年，法王路易十四（1643—1715 年在位）的财政大臣让-巴普蒂斯特·柯尔贝尔（Jean-Baptiste Colbert，1619—1683 年）将这一技术秘密引入法国，威尼斯对镜子工业 150 年之久的垄断局面终告结束。

自号为"太阳王"的路易十四是法国近代史上的一个雄才大略的强势帝王（图 1.1）。他做了七十二年国王，是历史记载世界上在位时间最长的君主。在亲政的五十四年中（1661—1715 年），他把法国建设成为当时欧洲最强大的国家，使法语成为欧洲外交和上流社会的通用语言，也使法国宫廷成为欧洲的时尚领袖。伏尔泰因此把这个时期称为"路易十四的世纪"。在建筑和装饰艺术领域里，路

图 1.1　法王路易十四
（1638—1715 年）

易十四以倾国之力修建的凡尔赛宫成为 17 世纪欧洲最雄伟和豪华的宫殿建筑，1684 年完成后即被各国君主不断效仿。而凡尔赛宫里最脍炙人口的部分是被称作"镜厅"或"镜廊"的中央大厅。中央大厅两边各 75 米长的墙面被分为 17 个间隔，一侧安置了 17 扇朝向花园的巨大拱形落地窗，相对的一侧则是 17 面和拱窗同样形状和大小的镜子，与对面的窗口一一相对，把窗外的景物映在镜中（图 1.2）。

　　关于路易十四和镜厅的介绍在任何导游手册里都能读到，虽然

图 1.2　凡尔赛宫"镜厅"。1684 年建成

内容基本属实，但"17面镜子"的说法实际上不够准确。这是因为当时的制镜技术还远不能制造如此巨大的镜子，每个对着真实窗户的"镜窗"——这一称呼更精确地反映了设计者的意图——实际上由21面镜子组成，包括主体部分的15面方镜、顶部的3面弧边镜和二者之间的3面窄条镜。整个镜厅因此用了357面镜子。另一个需要纠正的习惯看法是认为这些镜子等同于后来的穿衣镜，今日的游客因此总是拥挤在它们前面自拍。但就如"镜窗"这个名字隐含的，镜厅设计者的主要目的是用这些镜子折射出对面窗外的自然风光，从而使得宫殿的墙壁从感知中消失。当时的参观者完全领悟了这个设计概念，如 J. B. 德莫尼卡特（J. B. de Monicart）在他沦为阶下囚、被关进巴士底狱后，不断回想起他在凡尔赛宫中的观感，在1710年写下的这段话里模仿镜厅发声：

> 我的拱顶之廊似无所依，因为那高大的镜墙与透明的四壁仿佛提供了这片空阔的唯一支持，但所有这些部分都让我更好地展望我的视野所极。[1]

说到这里笔者希望插入一笔，提醒读者中国古代也有过好几座

1　引自 Sabine Melchior-Bonnet, *The Mirror: A History*, Routledge, 2001, pp. 47–48。中译参照了萨比娜·梅尔基奥尔-博奈，《镜像的历史》，周行译，桂林：广西师范大学出版社，2005 年，第 38 页。

镜厅，只是都没有留存下来，有关信息只能在文献中读到。首先是《北齐书》卷八记载齐后主（565—577年在位）在"其嫔嫱诸院中起镜殿、宝殿、玳瑁殿。丹青雕刻，妙极当时"。然后是《隋书》卷四十五记载隋文帝的第三个儿子秦王杨俊（571—600年）在水池上建造了一座极为豪华的殿堂，以香料涂壁，玉石砌阶，"梁柱楣栋之间，周以明镜，间以宝珠，极荣饰之美"。杨俊年少得志，十二岁就官拜上柱国、河南道行台尚书令、雒州刺史，加右武卫大将军领关东兵。但他越来越奢侈骄纵，每日和门客艺妓弦歌不止，这个镜殿就是为此建造的。

还有一个例子见于司马光的《资治通鉴》：掌管百工事务的少府监裴匪舒在唐高宗（649—683年在位）的宫中修建了一座镜殿，四壁上镶满了大镜。一天高宗带宰相刘仁轨入殿观看，仁轨瞥了一眼就急忙跑出殿外。高宗问他为何如此，他回答说："天无二日，地无二王，这座殿里却到处都是您陛下的影子，这不是个好兆头！"高宗听了以后马上让人把嵌在墙里的镜子一概剔除。[2] 这个故事的有趣之处，一是它显示了中外君主有着相当类似的爱好，二是如果西方的镜厅引起人们对宫廷奢华的无穷赞叹，中国的镜厅则引起臣子的道德裁判和皇帝的政治忧虑。

2 原文为："（裴）匪舒又为上造镜殿，成，上与（刘）仁轨观之，仁轨惊趋下殿。上问其故，对曰：'天无二日，土无二王，适视四壁有数天子，不祥孰甚焉！'上遽令剔去。"《资治通鉴》，卷二〇二。

§

回到太阳王时期的法国制镜业，从意大利获取玻璃镜技术后不久，建于巴黎圣日耳曼区的亚伯拉罕·迪瓦尔玻璃制品厂就显示出对于制造大镜的特殊兴趣，特别是一个叫提瓦尔（Thevart）的厂主尤其执着于发展这方面的技术。他在17世纪80年代造出了近5英尺高（1.52米）的镜面——这在以往完全不可想象。可是制造大镜在当时还是一项十分费力而不保险的事情。一位名叫曼萨特（Mansart）的建筑师写道："自从大镜子在1688年被发明，我们只成功地造出了三面80—84英寸高（2.03到2.13米），40—47英寸宽（1.02到1.19米）的整块镜子。虽然产量的总数达到400多面，但是大多数都被重新投回熔炉，其余的废物利用，做成40—60英寸（1.02至1.52米）的镜面。"[3]

但是制镜技术发展得很快，到临近1700年的时候，位于巴黎东北的新开设的圣戈班（Saint-Golbain）玻璃工厂——不久之后与迪瓦尔厂合并为皇家玻璃制造公司——已经能够制造近9英尺高（2.74米）、超过3英尺宽（0.91米）的镜面。一个名叫马丁·利斯特尔（Martin Lister）的英国观光客在1699年参观了位于圣安托万路的玻璃工厂后写下了这段话："在那里我看见了一面镜子，完整无缺而镀银，竟然达到88乘48英寸（2.24乘1.22米）的长度和宽度，而且

3　引自 Sabine Melchior-Bonnet, *The Mirror: A History*, Routledge, 2001, p.55。

只有四分之一英寸厚（6毫米）。真难以想象任何人能够用吹玻璃的方式造出这样的尺寸！"[4]

制造这种大镜的玻璃实际上是用"浇注法"完成的。这个方法长期被作为行业内情而秘而不宣，只是在1746年才由一名叫普吕士（A. Pluche）的法国神父写入《自然奇观》（*Spectacle de la nature*）一书而为人所知。根据他的介绍，制造大玻璃的工序包括四个步骤，每个都需要长期训练才能掌握。[5]首先是建造窑炉和坩埚。窑炉每隔几个月就要重砌一次；坩埚以特殊黏土制成，必须可耐1800度高温。为了避免出现细微的裂纹，每个坩埚需要用数月时间以微火焙干，但使用寿命却只有三个月之久。第二个步骤是浇注，工人把玻璃原料——白沙和碱——按比例混合、洗净粉碎，然后放在坩埚里融化成半液态的玻璃液。第三个步骤是拉轧，即把玻璃液放在一个大型金属平台上，用铁质圆筒将其展开压平（图1.3）。之后的第四个步骤是把轧压过的玻璃进行退火处理，方法是把玻璃片放进名为"吹炉"的大炉子里，在那里焙烧三天后再逐步冷却。

把制好的玻璃片转化为大镜还需要经过一系列冷处理，主要是研磨、抛光和镀锡。这几个步骤是在巴黎城内完成的，在这之前需要把玻璃片从圣戈班工厂运到巴黎。研磨的方法是在两块玻璃间放

---

4 Sabine Melchior-Bonnet, *The Mirror: A History*, Routledge, 2001, p.57.

5 以下的总结根据Sabine Melchior-Bonnet的讨论，见上书，pp. 58—61。中译参阅了萨比娜·梅尔基奥尔-博奈，《镜像的历史》，周行译，第47—49页。

图 1.3　圣戈班玻璃工厂中玻璃拉轧过程

上水浸的刚玉砂，由两名工人在数日内不断推拉研磨。抛光则是使用一种极细的"擦粉"，将玻璃的表面磨至完全光洁透明。最后的一步是镀锡——先把锡箔拉压成几毫米的厚度，用浸过水银的皮革在上面摩擦，然后将之浸入水银液中，再把玻璃片放在上面，用力碾压以排出气泡并加盖重物固定一天一夜。在这之后逐渐倾斜玻璃镜面以至垂直，沥净多余的水银液，只保留附在镜面上的水银锡层。这个反光层需要 15 到 20 天才能最后稳固，制成的镜子在此之后才可进入市场。

　　技术的成熟导致了价格的下降：一面高 70 英寸（1.77 米）宽 40 英寸（1.02 米）的玻璃镜在 18 世纪初期卖 750 英镑，而购买一面高 90 英寸（2.29 米）宽 45 英寸（1.14 米）的镜子需要付出 3000 英镑的天价。但到了 1734 年，一面高 70 英寸宽 40 英寸的镜子卖价不超过 425 英镑，比三十年前便宜了将近一半。[6] 价格下降的结果是销售量的增加和大镜在上层社会中的普及：圣戈班公司的销量在 1745 年到 1755 年间翻了一番，而大镜成了富人家中的必备之物。

炫富的闪光镜面被镶在客厅和化妆室的墙上——17 和 18 世纪的法国正是洛可可艺术风行之时，镜子配合了这种装饰风格对迷幻空间的强调。就像凡尔赛宫一样，安装在墙面上的大壁镜映照出周围的环境。它们的主要功能并非聚焦于独立个人的外貌，而是把有限的室内空间无限伸展，把辉煌的吊灯和金色家具进行无穷无尽的光学复制。正是这种绘画、壁挂以及任何人造图像无法企及的复制特性，使镜子成为当时室内装潢的首位元素。热尔曼·布里斯（Germain Brice）的《巴黎描述》（*Description de Paris*）是当时社会风尚和奢侈趣味的一部权威指南，也包括了对巴黎最漂亮宅邸的介绍。这本书在 1684 年至 1752 年之间出了十二版，镜子在它列出的所有建筑装饰中名列首位。在书中标榜的法国时尚领袖中，两位绅士于 1698 年把他们在巴黎的府邸按照当代趣味装饰一新，为此目的使用了"人所能想象的独特的和美奂美轮的所有物件，特别是镶在玳瑁框里的多面超高大镜"。德·斯居蒂里（De Scudéry）小姐模仿《寻爱绮梦》（*Hypnerotomachia Poliphili*）描写的宫殿建造了一

---

6 Sabine Melchior-Bonnet, *The Mirror: A History*, Routledge, 2001, p.74.

座乡间别墅，把大镜镶在窗扇对面以映出山野风光，使屋子的三面像是完全敞开。[7] 法国镜史专家萨比娜·梅尔基奥尔-博奈（Sabine Melchior-Bonnet）因此总结道：

> 路易十四统治下的贵族阶级狂热地迷恋镜子，镜子意味着光明——17 世纪是光影与视觉的世纪，它照亮阴暗的房间，令厚重的墙壁显得轻盈，模仿几可乱真的窗扇，藏在珠宝匣中如同名贵的宝石。安在窗扇对面的镜子映照了窗外的风景，相当于装饰画，恰恰迎合了当时上流社会要求艺术与自然巧妙结合的信条。[8]

这个"镜子热"持续了百年之久。虽然镜子的样式和种类在此期间不断发生变化，但壁镜保持着统治地位，常被安装在窗户之间，以穿透真实和虚幻的空间来迷惑眼睛（图 1.4）。"壁炉上方的镜子"（overmantle mirrors）在 1750 年之后风靡欧洲，它们取代了原来挂在这个地点上的绘画作品，重新定义了室内空间的焦点（图 1.5）。所有这些新式镜子仍然被固定于墙面上，因此仍属于"壁镜"范畴，而非可以随意移动的独立穿衣镜。

7　引自 Mademoiselle de Scudéry, *Mathilde*, Geneva: Slatkine, 1979, p. 82。

8　Sabine Melchior-Bonnet, *The Mirror: A History*, Routledge, 2001, pp. 71. 中译采自萨比娜·梅尔基奥尔-博奈，《镜像的历史》，周行译，第 58 页。

图 1.4、图 1.5 安装在窗间的大镜和壁炉上方的镜子。18 世纪，大都会艺术博物馆

　　这个情况在 18 世纪末期发生了一个根本变化。萨比娜·梅尔基奥尔-博奈在《镜像的历史》（ *The Mirror: A History* ）中写道："到了 18 世纪将要结束的时候，称为'赛姬'（psyche）的独立落地镜在许多起居室中被给予荣誉地位，随即成为一个世纪的象征。"[9] 由此可见，这种可移动的立镜只是在这个时期才在欧洲出现并开始引领风尚，欧美美术馆和家具博物馆里保存的独立落地镜实物也都是在此时或之后制作的，证实了这种镜子从 18 世纪末到 19 世纪初开始流行。这个领悟把我们带向中国——因为可移动的落地镜很久以前就已经在这个遥远国度中出现，而且是以传统的中国样式出现在皇宫之中。

9　见 Sabine Melchior-Bonnet, *The Mirror: A History*, Routledge, 2001, p.85。

清帝的镜屏

　　1703 年春天的一天，已是垂暮之年的康熙近臣、曾经三次随驾南巡的高士奇（1645—1704 年）奉诏去皇都西郊的畅春园参加皇帝的生日典礼，之后得到康熙特准"遍观园中诸景"。他在此后写下的一篇文字中记录了园中的各处景观，包括渊鉴斋的彝鼎古玩和西洋乐器，以及佩文斋的缥帙锦轴及御制文字。数日之后康熙又召他去到紫禁城中的养心殿，对他说："此尔向年趋走之地，今尔来，仍令一观。"高士奇看到四壁上熟悉的图籍史册和殿前石榴，心中感慨不已。康熙随后给他看了宫廷造办处新制作的玻璃器具，并赐给他"各器二十件，又自西洋来镜屏一架，高可五尺余"。[10]

　　这最后一项信息非常重要，因为这是中文写作中首次记录大玻璃镜的尺寸并将之称为"镜屏"，同时也明确了镜子的来源。清代的"五尺余"相当于 1.6 米以上，"镜屏"意味着屏风般的落地镜，顾名思义已是穿衣镜般的物件。虽然高士奇说它来自西洋，但考虑到欧洲人在 18 世纪初尚未使用落地穿衣镜，而且"镜屏"也是一个典型的中国词汇，因此这种屏风式的落地玻璃镜很可能是清宫的创造。我们没有 18 世纪初的实物证明这个推测，但是画于这个时期的一幅宫廷绘画很可能透露了它的样式。（图 1.6）

10　高士奇，《蓬山密记》，载李德龙、俞冰主编，《历代日记丛钞》，北京：学苑出版社，2006 年，第 18 册。

唐元宗以韓休為相休峭直不干榮利帝或宫中宴樂及後苑遊獵小有過差輙謂左右曰韓休知否言終諫疏已至帝嘗臨鏡默然不樂左右曰韓休為相陛下殊瘦於舊何不逐之帝歎曰吾貌雖瘦天下必肥蕭嵩奏事嘗順旨既退吾寢不安韓休嘗力爭既退吾寢乃安吾用韓休為社稷非為身也

臣陳世倌贊曰

廣平凝遠　峭鯁推韓　敷陳切直　帝寢乃安

图 1.6　《唐玄宗照镜图》及陈世倌题赞。《圣帝明王善端图》册，18 世纪初，台北故宫博物院藏

　　这是《圣帝明王善端图》册中的一页，[11] 表现的是唐玄宗起用韩休（673—740 年）为相，即便个人舒适受到限制也不予更换的故事。《资治通鉴》记载韩休为人峭直，从不阿谀奉承，皇帝也对他有

11　《故宫书画图录》，第 30 册，第 382 页。

所忌惮。唐玄宗曾对镜自照闷闷不乐，侍者进言说韩休入相后皇上消瘦了很多，何不将其罢免？但唐玄宗回答道："我虽清瘦了，但天下一定变得更为丰饶。萧嵩凛事常顺从我的意思，他离开以后我却无法安睡。而韩休总是据理力争，离开后我睡得很安稳。我任用韩休是为了社稷，不是为我自己。"[12]

画幅左方是一栋重檐宫室，其中安放了一面立地大镜。唐玄宗正捻须对镜自照，明亮的镜中映出他的面容和大半身躯。宫室之外，手持奏章的韩休正从路上走来，两名近侍在庭中相互议论。室中的大镜被描绘成一架传统样式的单扇立屏，但以玻璃镜面取代了屏心的绘画或装饰（见图1.13—1.15）。值得注意的是画师非常仔细地描绘了这个镜屏的构造和装饰，包括黑漆描金的木架、卷云状的立雕屏腿和围绕镜面的多幅小型花鸟画（图1.7）。整体感觉非常写实逼真，物件的设计也相当自然合理，不像是出于想象。很可能画师在描绘这个千年以前的故事时，采用了当时宫中的一架镜屏作为道具的原型。

虽然这幅画上没有签名和日期，但对页上抄写的《资治通鉴》有关记载和随后的赞，为我们估计这件作品的时代提供了可靠线索。题写者的名字是陈世倌，在史书中有明确记载。他于康熙四十二年（1703）中进士，正好是康熙赐给高士奇镜屏的同年，此后从"编修"迁至"侍读学士"。1721年父亲病故，他守制三年后于雍正二年

---

12 《资治通鉴·唐纪二十九》。

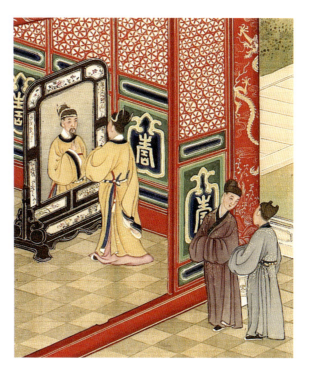

图 1.7 《唐玄宗照镜图》细部

（1724）服满回朝，任内阁学士、山东巡抚等职。《圣帝明王善端图》这套图册选择了自上古直到明代的贤君事迹加以题赞和图绘，明显是为皇帝参考之用。这一目的以及图册的庞大规模很符合陈世倌担任编修和侍读学士时的责任，也就是 1721 年之前。

康熙赐给高士奇的镜屏高五尺余，镜面来自西洋。这个记载引导我们查询欧洲镜子来华的有关记录。一项早期记录出于梁廷楠（1796—1861 年）编的《粤道贡国说》，其中载康熙九年六月，"西洋国王阿丰肃遣陪臣奉表入贡方物”，贡品中包括“大玻璃镜”。[13] 这里的问题是如上章中说到的，欧洲在康熙九年——即 1670 年——还没有发展出制作真正大型镜面的技术，此处所说的大镜指的可能只是容镜中之大者，而不是更晚文献中的“照身大镜”。这后一名称首见于康熙二十五年（1686）的一则外交记录：

> 荷兰国王耀汉连氏甘勃氏遣陪臣宾先吧芝，复奉表进贡。其略云：“外邦之丸泥尺土，乃是中国飞埃。异域之勺水蹄涔，原属天家滴露云云。”贡物大珊瑚珠一串、照身大镜二面，奇秀琥珀二十四块、大哆绒十五疋、中哆绒十疋、织金大绒毯四领、乌羽缎四疋、绿倭缎一疋、新机哔叽缎八疋、中哔叽缎十二疋、织金花缎五疋、白色杂样细软布二百十九疋、文采细织布十五疋、大细布三十疋、白毛里布三十疋、大自鸣钟一座、大琉璃灯一圆、聚耀烛台一悬、琉璃盏异式五百八十一块、丁香三十担、冰片三十二斤、甜肉豆蔻四瓮、厢金小箱一只、内丁香油蔷薇花油檀香油桂花油各一罐、葡萄酒二桶、大象牙五支、厢金鸟铳二十把、厢金马铳二十把、精细马铳十把、彩色皮带二十佩、厢金马铳中用绣彩皮带十佩、精细马铳中用精细小马铳二十把、短小马铳二十把、精细鸟铳十把、厢金佩刀十把、起花佩刀二十把、厢金双利剑十把、双利阔剑十把、起花

13　梁廷楠，《海国四说》，北京：中华书局，1993 年。

金单利剑六把、照星月水镜一执、江河照水镜二执、雕制夹板三只。[14]

由于这份文献对外国贡品的记录十分翔实，学者都承认它的纪实价值，其中的"照身大镜二面"说明这种物件至少在 1686 年就已进入中国宫廷。但这个简单的称谓并未透露大镜的式样。这个问题引导我们进而检阅雍正时期（1722—1735 年）有关进口玻璃镜的更详细的记载。

§

1729 年，雍正已经做了七年皇帝，一份从广州来的奏报被送到他的手里，报告者是刚刚上任的粤海关监督祖秉圭（1684—1740 年），是雍正亲自指派管理广东海关、直接处理海外贸易的心腹官员。奏折中的几句话吸引了天子的注意——祖秉圭说自该年六月以来，"有英吉利、法兰西、荷兰等国洋船陆续已到八只……奴才敬备外洋方物六种恭缮另折，进呈玻璃镜今年无甚大者，奴才仅得一面，镜身宽二尺八寸、长四尺三寸，现在修整架坐齐备，即行恭进"。雍

---

14 王士禛，《池北偶谈》，北京：中华书局，1982 年。关于荷兰与清廷在这一时期的外交关系，见林发钦，《康熙二十五年荷兰使臣文森特·巴茨出使北京》，载《暨南学报（哲学社会科学版）》，2017 年第 2 期。

正看完后即刻批示："再得大镜，不必另修架坐，无用也。"[15]

这份材料传达了若干方面的消息，对我们了解这种物件在当时的情况相当重要。首先是大镜的来源：我们由此可知到了18世纪上中叶，大玻璃镜仍是来自欧洲的舶来品，可能主要从法国进口。根据国际贸易史研究，执欧洲制镜业牛耳的法国从17世纪末快速建立了对华贸易。1698年可视为两国直接贸易的起始年：马赛商人让·儒尔丹（Jean Jourdan）在此年被耶稣会士说服，装备了安菲特里忒号商船于翌年开往广州，船上载有路易十四派出的第二批耶稣会士，并携带了大批镜子。随着这次始航的成功，其他法国船主也纷纷效仿，1719年成立的印度公司进而接管并垄断了法国在广州的商业活动。而其竞争对手——英国和荷兰——每年也都派出十几艘商船去中国。据当时人报道，1720年至1769年间——也就是祖秉圭收到大镜期间——有五十六艘法国船只在这一航道上行驶，总吨位达到四万一千吨。它们带往中国的主要是银圆、铅、珊瑚、金线、玻璃、镜子及加拿大洋参等，带回的货物则包括大量瓷器——在1760年以后每年超过三十万件，此外还有漆器、茶叶、原色棉布以及带有"中国风"装饰的出口器物。

祖秉圭所说"奴才敬备外洋方物六种"云云，说明他送往清宫的镜子及同时到来的其他西洋制品是由他个人收集、进献给皇帝

---

15 中国第一历史档案馆编，《雍正朝汉文朱批奏折汇编》，第16册，南京：江苏古籍出版社，第228页。

的，而不是像有些文章说的是由朝廷购买的。档案材料也记载了贵族和高级官员向皇帝进献大镜，或朝廷通过抄家和没收得到大镜的其他例子（见下文）。由此推想中国皇帝获取欧洲镜子的方式可能与其他一些非西方君主有所不同。关于后者，路易十四在巴黎接见外国使节和大使的时候曾以镜子为礼物，带有相当的商业推销意味。因此在一次这类接见后，暹罗国王一下就订购了四百面圣戈班的镜子。[16]

回到祖秉圭的奏报，我们还可以推想这类大镜是以不装框或半装框的方式从欧洲舶来的。一个原因是在清代文献中，修整装好的镜屏一般以"架"作为数量词，而奏报中的这面镜子称为"面"，指的应是未装框的玻璃镜。作为证据之一，清宫档案记载雍正十一年（1733）"太监高玉，王常贵交大玻璃镜二面，各长六尺一寸，宽四尺三寸，大玻璃镜二面，各长五尺七寸，宽三尺七寸"，对此雍正下令将其制成"半出腿插屏"。[17]

我们不难理解这种交易和运输方式，因为镜子在当时欧洲的交易也主要是以镜片形式进行的。如上所说，大玻璃片从巴黎附近的玻璃工厂送到城里去镀锡，买者再根据使用环境进行装框和装配。据清宫档案，祖秉圭在近三年后又送往宫中"大玻璃片一块，长五尺、宽三尺四寸，随白羊绒夹套木板箱"，透露出运送大块玻璃或玻璃镜这些易碎物品的

---

16 Sabine Melchior-Bonnet, *The Mirror: A History*, Routledge, 2001, p. 74.

17 《清宫内务府造办处档案总汇》，第五册，第 745 页。

运输方式。[18] 看来他确实是遵从了雍正皇帝的旨令，在 1729 年之后就把进口的大玻璃片和大玻璃镜直接送往朝廷，而不在广州自行装配。

但我们仍需要思考为什么雍正批示说再得大镜，不必在广州做框。一个可能性是这位皇帝急着要把难得的大镜运到北京，但更大的一个可能是他希望把这类镜子在宫中用于特殊用途，在广州做了框架也未必派得上用场，因此他在批示中说"无用也"。不经装配的大玻璃镜送到北京之后，自然是交给宫廷造办处处理，或为之作架或以特定方式安置在指定的宫室之中。我们进一步的问题因此是：清宫中使用大镜的方法和目的会是如何？如果做成镜屏的话，镜架的设计可能怎样？如果用在其他场合，又会是什么建筑环境，以什么装配方式？虽然上文中提出《唐玄宗照镜图》中描绘的镜屏可能反映了 18 世纪初期清宫中的一个样式（见图 1.7），但这只是一个孤证，要想了解雍正时期清宫中大镜使用的方式，我们还需要收集更多的材料。

据笔者了解，故宫博物院从末代王朝接管的藏品中没有雍正款的大玻璃镜，更无法追溯 1729 年祖秉圭在广州装配大镜的去向。一个重要原因是历朝皇帝和有权势的皇妃对紫禁城内的宫室进行了不间断的改装和改修，而大型玻璃镜是当时的稀有之物，在这类装修中常被重新使用。经过乾隆对紫禁城和圆明园等宫苑半世纪以上的持续修建，原装的

18 "（雍正十年五月）二十日据交库使七十五圆明园来贴，内称，本月二十日，奏事太监王常贵交玻璃插屏一件，长五尺一寸，宽二尺九寸，随楠木架红猩猩毡夹套，大玻璃片一块，长五尺，宽三尺四寸，随白羊绒夹套木板箱，以上系祖秉圭进，传旨交造办处收贮。钦此。"《清宫内务府造办处档案总汇》，第五册，第 264 页。

康熙、雍正朝的大镜也就很难寻到了。但对于了解穿衣镜在中国的历史，雍正朝无疑是一个关键时期，我们不能知难而退，而需要寻找各类文字和图像证据。在文字证据方面，一个主要的信息来源是清宫内务府造办处档案，其中记录了雍正对在皇宫和园林中装置大镜的不少指令。遗憾的是这份档案没有提供雍正之前的信息，因为虽然造办处是康熙年间建立的，但是这个记载各项活计的档案——正名为《造办处各作成做活计清档》——只从雍正元年（1723）开始。把其中有关大镜的条目放在一起观察，我们可以了解到雍正朝使用镜子的几种方式。

第一种是仿照欧洲风尚，把镜子镶在墙壁上映照周围景色，以此延展室内的视觉空间。清宫档案在提到这类镜子时一般只称"大玻璃镜"或"大吊屏玻璃镜"，不用数量词"座"和"架"，这显示它们不作为单独物件被处理和清点。圆明园内的莲花馆在"对西瀑布处三间屋内"装了两面这样的大镜，"对西瀑布"一语显示出它们的方向是正对着室外的瀑布，应该可以映出水花腾跃的景象。其室内位置可能是对着门口的正壁，因此雍正要求在镜子两边再挂上一副对联，有如传统前厅的中堂。[19] 从"大吊屏玻璃镜"的称谓看，这种镜子并不被嵌入墙内，而是装框以后"吊"或"挂"在墙上，其装置方式和隐含的概念因此接近于中国传统的挂屏和挂画。除了莲花馆中的两处之外，类似的"壁镜"也装饰着圆明园中的九洲清

---

19 "（雍正四年）五月十五日，郎中海望奉上谕，莲花馆对西瀑布处三间屋内大玻璃镜两边做对联一副。"《清宫内务府造办处档案总汇》，第二册，第473页。

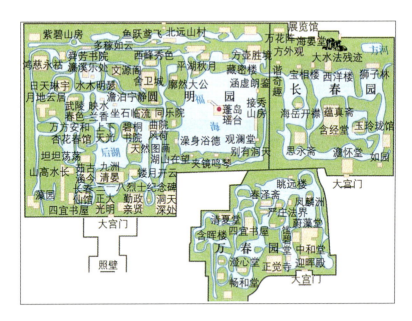

图 1.8　圆明园宫苑名称地图

晏与洞天日月的多佳景屋。[20] 前者是前湖与后湖之间的皇帝寝宫，后者属于圆明园四十景中的"武陵春色"，也是湖泊环绕之地（图1.8）。装置在这几处，壁镜的主要功能是映景而非照人，以镜像的视觉迷幻强化对"洞天"和"佳景"的想象。

　　这使我们回想起上文讨论的欧洲壁镜的功用：从路易十四的

20　"莲花馆八号房东间内挂的大吊屏玻璃镜，并九号房东间内挂的大吊屏玻璃镜上，着照九洲清晏洞天日月多佳景屋内挂的玻璃镜上锦帘做二件。"《清宫内务府造办处档案总汇》，第二册，第520—521 页。

镜厅开始（见图1.2），欧洲宫廷和贵族府邸中壁镜的最主要用途是通过映照门外和窗外的自然风景，打破室内外的建筑分隔，造成空间延伸的幻象。由于中国以往并没有这种传统，莲花馆等地朝向室外瀑布和其他景观安装大镜的方式应该是受了西方先例的启发。这种从欧洲来的启发在当时不但可能而且相当自然。早在雍正即位前三十余年，路易十四派来的一支科学团队已于1688年抵达中国首都并受到康熙皇帝的接见，其中的耶稣会士白晋（Joachim Bouvet，1656—1730年）和张诚（Jean-François Gerbillon，1654—1707年）留在宫廷中向康熙讲解西方科学技术。白晋还作为康熙的使者于1693年赴法国拜谒路易十四，之后携带法王回赠康熙的礼物乘商船返回北京，在这里一直生活到雍正八年。考虑到当时欧洲朝野上下的"镜子热"以及康熙、雍正对西方科技文化的兴趣，他们对凡尔赛宫这类宫廷景观一定会有所了解并加以模仿。作为这种影响的确切证据，康熙于1696年在北京建立了玻璃工厂，辖属于宫廷造办处。而雍正甚至让清宫画家为他绘制了装扮成路易十四模样的肖像和行乐图（图1.9，1.10，参见图1.1）。笔者曾著文讨论这两张雍正"变装像"（costume portraits）与欧洲盛行的"化装舞会"（masquerade ball）的关系，[21] 在这里提出是由于这些画像最明确地表

---

21 Wu Hung, "Emperor's Masquerade: 'Costume Portraits' of Yongzheng and Qianlong", *Orientations* 26.7 (July and August, 1995), pp.25-41. 中译见巫鸿，《清帝的假面舞会——雍正和乾隆的"化装肖像"》，载《陈规再造——巫鸿美术史文集卷三》，上海：上海人民出版社，2020年，第43—70页。

图 1.9、图 1.10　雍正扮装肖像和刺虎图。18 世纪上叶，故宫博物院藏

现了雍正对欧洲风尚的好奇，因而也解释了他对于新式大玻璃镜的深度兴趣。

　　这种兴趣引导他对玻璃镜的使用方式进行了种种实验和创新，把这种西方舶来品有机地融合到紫禁城的传统宫廷建筑里去。与湖泊环绕、景色宜人的圆明园不同，高墙之内的紫禁城自然将实验的场地集中到深邃的室内空间。以下是从造办处档案的一系列奏报和皇帝批示中透露出的一个室内装修工程，其核心是雍正决定在其办公和寝居所在养心殿安装一架特殊的"玻璃插屏镜"。[22]

　　这批档案的开始日期是雍正六年（1728）九月二十九日，那天

22　使用的各条材料见《清宫内务府造办处档案总汇》，第三册，第 132—133 页、第 196—197 页。

雍正下旨说："养心殿后殿东二间屋内西板墙对宝座处，安玻璃插屏镜一面。背面安一活板，若挡门时，将板拉出来。若不用时，推进去要藏严实。镜北边墙上安一表盘。"揣其设计意图，是希望在养心殿后殿东部的两个相邻房间中间设置一道活动的"镜门"，镜门正面对着皇帝的座位，背面暗藏有一道如同推拉门的活板，平时看不见，拉出来则可挡住通往隔壁屋子的门道。

在随后的两份档案中，我们读到造办处先是在当年十月十日呈上"玻璃插屏镜"的设计稿，获准制作后在十月十六日完成了带有"楠木边座"的屏风，通高七尺九寸（约 2.46 米），宽四尺二寸五分（约1.32 米）。与之配合还制作了"随楠木边杉木挡糊假书画片挡门壁子一件，通高六尺四寸（约 1.99 米），宽四尺（约 1.24 米）"。从其尺寸看，比镜子略小的这面"挡门壁子"可能即为藏在镜后的推拉门，上面贴裱着"假书画片"，拉出来时如同墙上的一幅书画贴落，把后面的房间掩藏起来。但仅仅三天后雍正即对制成的镜门表示了相当的不满，于十月十九日下旨责备并提出十分具体的修改意见：

养心殿东二间屋内西板墙对宝座处新安得玻璃镜插屏甚蠢，尔着闲空拆出。将西二间屋内陈设的楠木架玻璃镜亦取出，将玻璃镜配硬木边安在东二间屋内，不必做牙子。背后安挡门画片，北边做一折叠书格。其拆下玻璃镜木架亦甚文雅，不必改做，或着郎世宁画一美人，或着画画人画何样画贴上，有陈设处陈设，钦此。

这份旨令所含的信息颇多，对此处和下文中的讨论都很有意义。首先一点是它透露出清宫对现有玻璃镜的改装以及镜子和绘画的关系：雍正要求把原来陈放在养心殿西二间屋内的"楠木架玻璃镜"的镜面卸下，换框用作东二间屋内的镜门，再把换下来的楠木架用来盛放绘画作品，特别提出让郎世宁画一幅美人图。此外这份文件处处体现出雍正对于装修细节的留意和熟悉，比如他所说的"牙子"指家具立木与横木交角处的装饰性构件，类似建筑中的"替木"。特别嘱咐造办处不要用在玻璃镜门上。

紧随皇帝的旨意，下一天十月二十日，郎中海望即"带领催总吴花子将养心殿东二间屋内新安的楠木架座玻璃镜插屏并书格壁子拆出，又将西二间屋内楠木架座玻璃镜插屏取出"。再两天之后，"郎中海望做得养心殿后殿东二间内插屏玻璃镜背后拉挡门壁子，并镜前折叠壁子上画画片书格小样一件呈览"。雍正似乎对这次的设计比较满意，但嘱咐说"书格上不要画古董，俱画书册页"。这意味着放在玻璃镜前的折叠壁子以及镜后的挡门壁子上的书格其实不是真的，而是画出来的。雍正特别嘱咐不要在上面画古董，而只画书籍和册页。

这项计划最后于当年十二月三日完成，见于当日记录："养心殿西二间拆出楠木边玻璃镜一面，改做得紫檀木边玻璃镜一面，通高六尺四寸（约1.99米），宽三尺六寸六分（约1.14米）。玻璃镜前面紫檀木边贴册页画片书格式折叠壁子一扇，背面紫檀木边贴书册页画片书格式拉挡门壁子一扇。"如上文所说，"贴书册页画片书格"

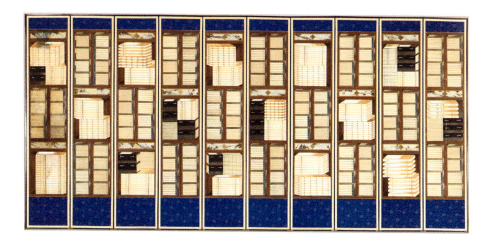

图 1.11 "册架图"。19 世纪，韩国国家美术馆藏

指的是以绘画方式表现的虚构书架，可能类于朝鲜王朝稍后流行的
"册架图"（图 1.11）。贴在镜子前后的折叠壁子和挡门壁子上，这些
"以假为真"的图画为室内空间增加了更强的虚幻性。[23]

在雍正时期的造办处档案中，另一类大型镜子被称作"半出腿

23　对于这个"屏门"，故宫博物院研究员陈轩认为："玻璃镜屏是分隔公共和私
人空间的重要装置：玻璃镜朝向的是位于公共空间的宝座，背面朝向的是私人的
卧室部分；镜屏背后安装的可以推拉的挡板使得玻璃镜插屏的作用介于屏风和门
之间，既可以彻底使私人空间隔绝于公共空间，又可以模糊公共空间与私人空间
的界线；同时，面朝宝座的玻璃镜通过映射会客空间，又可以营造出延伸公共空
间的视觉幻象。"陈轩，《诗意空间与变装肖像——玻璃镜引发的清宫视觉实验》，
载《文艺研究》，2019 年第 3 期，第 151 页。这个解释总的说来很有启发，但仍
有一些细节有待澄清，如玻璃镜是装在养心殿后殿东二间屋内的西板墙上，后边
的屋子是否确为雍正卧室尚需调查。

图 1.12　紫禁城倦勤斋中的"半出腿"玻璃镜插屏

玻璃镜"或"半出腿玻璃插屏"。一般的解释是把镜子做成靠墙屏
风的样式，因此只有前面一半的腿露出来。紫禁城中乾隆时期建造
的倦勤斋中尚存有两个并排的这种屏风（图 1.12），我们在后边还要
谈到。雍正时期造办处档案中说到"半出腿玻璃镜"时数次与"玻
璃镜挂屏"对称，显示出这是两种相互关联的大镜形式。如"雍正
三年，木作，八月二十八日，据圆明园来帖内称，总管太监张起麟
传旨：着做宽四尺三寸，高六尺硬木靠墙半出腿玻璃镜一面。再

有架子玻璃镜挂屏，或造办处库内，或广储司库内多选几份。钦此。""二十九日郎中保德又传旨：尔等将靠墙陈设半出腿玻璃镜，并墙上挂的玻璃镜，可选库贮大些的玻璃多做几面。钦此。"[24]

除了上面谈到的壁镜、挂镜、镜门和半出腿镜屏之外，雍正还别出心裁，把镜子安置在坐卧之处。如雍正四年正月二十二日的造办处档案说到"松竹梅玻璃镜前放坐褥处"，[25]同年十月二十五日又"将二面镜子安在东暖阁仙楼下羊皮帐内，南面安一面，北面安一面"。[26]这些镜子虽然形式和位置不同，但从其与建筑环境的关系来说大都属于"壁镜"范畴，是附着在墙面或家具等准建筑机构上的部件。纵观雍正的这一系列玻璃镜，它们显示出与欧洲壁镜传统不同程度的联系，以映照室外风光的"大玻璃镜"最接近于当时欧洲的镜子审美习惯，半出腿镜屏则与中国家具传统进行了更为明显的融合。

在这个意义上，清宫档案中记载的最后一类镜子反映了大镜在概念上和实际运用上的一个更大的创新，因为这种镜子不再附着于墙面或床榻，因此不再属于"壁镜"的范畴而成为可移动的独立家

---

24 《造办处档案》在其他一些地方提到"半出腿玻璃插屏"，虽然没有写"镜"字，但根据上下文指的仍应是玻璃镜插屏。如"于（雍正三年）九月十七日做得楠木半出腿玻璃插屏一座，又查得造办处库贮楠木边横玻璃镜吊屏一件……"《清宫内务府造办处档案总汇》，第二册，第118页。

25 同上，第118页。

26 同上，第80页。

具。在造办处档案中这类屏风使用的量词经常是"座"或"架"，意味着是独立放置在地上的；而吊挂的玻璃镜和半出腿玻璃镜则被称为"面"，指涉它们挂在或靠在墙面上的状态。根据上文的讨论，独立的玻璃大镜应该在康熙时期就已产生，被称作"镜屏"，到雍正时期进而成为清宫家具中的重要一类，被称作"玻璃镜插屏"或"玻璃插屏"。究其流行的原因，应该是这种家具既延续了传统的中国屏风又将其和最新的西洋技术结合，因此得到清代皇帝的特殊欣赏。

§

"插屏"是传统屏风之一种，指任何竖长的单扇屏风。"插"的原义是在屏座中插入或镶入以大理石、彩绘瓷版、织锦或图画制成的装饰板。小者可放在案头观赏，大者则立在室内或穿堂里起到阻隔视线和背景装潢的作用。这类屏风很早就成为一种流行的室内家具，在不同版本的《韩熙载夜宴图》和其他绘画中经常出现（图 1.13，1.14）。康熙皇帝的一幅早年肖像显示出这位年轻皇帝坐在一扇大插屏前准备写作，屏上画着象征帝王尊严的飞龙（图 1.15）。本书"楔子"中所举的一些例子也显示了在漫长的中国文化传统中，立在地上的屏风——不管是汉代海昏侯的"衣镜"（见图 I.12）还是明代《牡丹亭》插图中的"秦朝照胆镜"（见图 I.17）——一直与现实或想象中的大镜有着难解难分的关系。当西洋的大玻璃镜传入中国后，它与插屏的结合因此极其自然。以目前设在故宫乾清宫明间内的一对镜屏为例（图

图 1.13 （左图）顾闳中《韩熙载夜宴图》中的单扇屏风。12 世纪摹本，故宫博物院藏

图 1.14 （右图）唐寅摹《韩熙载夜宴图》中的单扇屏风。16 世纪，重庆三峡博物馆藏

1.16)，其高度及龙纹装饰均与图 1.15《康熙写字像》中的屏风极为相似，仅是以一面高 280 厘米（清尺约八尺七寸）的镜心取代了屏心的绘画。这种大插屏在清宫中遂成定制，直到清代末年持续制作和使用。一个有意思的证据是故宫博物院收藏的《载湉大婚典礼全图册》，对光绪皇帝 1889 年的大婚典礼进行了细致的记录。其中"皇后妆奁图"册里描绘的场景是一个浩大的礼仪行列，正在内务府官吏的监督下把"妆奁"中的两架镜屏送入紫禁城中的太和门内（图 1.17）。第

图 1.15 《康熙写字像》。17 世纪，故宫博物院藏

图 1.16　紫禁城乾清宫内的镜屏。清代，小川一真摄于 1900 年

图 1.17　庆宽等,《载湉大婚典礼全图册》局部。故宫博物院藏

一面镜子上的榜题写着"紫檀雕花洋玻璃大插屏镜成对",明确给出了这种物品的名称、木料和镜面来源。值得注意的是这对镜屏的尺寸很可能被夸大了（图1.18）：从与周围人物的比例看，它们的高度达到四米半左右，镜心也有三米多，比乾清宫中的镜屏还要高大。很可能画家为了强调这两面镜子的贵重而做了这种夸张。

造办处档案中关于这种镜屏的最早记载来自"木作"档，在雍正元年（1723）条下记载怡亲王于九月五日交给造办处四座大小不一的玻璃镜插屏，其中包括"紫檀木边玻璃插屏一座（镜高六尺三

图 1.18　光绪大婚皇后妆奁中的玻璃镜插屏，图 1.17 细部

寸，宽三尺四寸，通高八尺），[27] 紫檀木边玻璃插屏一座（镜高五尺一寸，宽三尺五寸，通高六尺四寸，宽四尺三寸），紫檀木边玻璃插屏一座（镜高五尺，宽三尺五寸，通高六尺三寸，宽四尺三寸），花梨木边玻璃插屏一座（镜高一尺六寸五分，宽一尺三寸五分，通高三尺五分，宽一尺九寸五分）"。[28]

怡亲王胤祥是康熙的第十三个儿子，在皇亲中与雍正帝胤禛的关系最为亲密，在后者即位的过程中也起了很大协助作用。雍正登基之后他被封为总理事务大臣、怡亲王，处理康熙、孝恭丧事，总管会考府、造办处、户部三库、户部，参与西北军事的运筹，协助雍正处理年、隆、阿、塞等大案，办理外国传教士事务等，成为宫廷中的第一权臣。他一次交付给皇帝如此众多、硕大而昂贵的镜屏——最大一件的镜心竟然超过两米高——显然不是一件普通的事情，因此同年十月初八日档案再次提到这最大的一件被"收拾完，怡亲王呈进"。

这份档案还透露出其他一些有价值的信息，一是虽然记载的物件被称作是"玻璃插屏"，但由于每件下面注明了镜心尺寸，我们可知此档案和其他地方所说的"玻璃插屏"实际上是"玻璃镜插屏"的简称。另一信息是虽然大型镜屏在当时肯定仍然极为珍贵，但在1720年代的中国也非仅有皇帝才有。怡亲王这样的权臣能够一下进

27　另一条档案记载："于十月初八日，紫檀木边玻璃镜插屏一座通高六尺三寸，宽四尺三寸，收拾完，怡亲王呈进。"《清宫内务府造办处档案总汇》，第一册，第216页。指的应该是同一件镜屏，四尺三寸的宽度更合理。

28　《清宫内务府造办处档案总汇》，第一册，第216页。

献几面，其他贵族和大臣也可能拥有这种物件。如下节将提到的当过康熙御前侍卫、养心殿总监造的赵昌，于雍正五年（1727）被抄家时搜出了"玻璃镜大小十三"。[29] 最后，关于清宫中镜屏的尺寸，造办处档案记载的最大镜屏是怡亲王进献的通高 2.5 米、镜心高 2 米的一件，于 1725 年从宫中移置到圆明园。[30]

综上所述，大型玻璃镜在 17 世纪末和 18 世纪初传到中国后立刻获得清代皇帝的青睐，被用到宫廷中的各种场合并赋予新的名称。以上引证的清宫档案显示雍正皇帝亲自参与宫室装潢，有时以镜屏为枢纽考虑整体空间布置，他的榜样进而被乾隆皇帝发扬光大（详情见下节）。有别于"容镜"——这是清宫档案对小型梳妆镜的标准称呼，新式的大型镜子被称为"玻璃大镜""玻璃插屏""玻璃镜插屏""玻璃插屏镜""架子玻璃镜挂屏""半出腿玻璃镜""半出腿玻璃插屏"等。这些名称不断指出大镜和"屏"的密切关系，这个意义是欧洲玻璃镜原来没有的，但在中国则成了这种物件之"身份"的主要能指（signifier）。这也意味着：虽然大型玻璃镜面是从欧洲输入的，但作为"物件"的镜屏则是中西互动在本土文化环境中的产物。

独立镜屏为清宫室内装潢增加了一个以往不见的元素，在两个相

---

29 引自陈国栋，《康熙小臣养心殿总监造赵昌生平小考》，载冯明珠主编，《盛清社会与扬州研究》，台北：远流出版公司，2012 年，第 278 页。

30 "三年六月十五日，郎中保德要去通高八尺紫檀木边玻璃镜一座，通高六尺四寸，宽四尺三寸紫檀木边玻璃插屏一座，圆明园内用讫。"《清宫内务府造办处档案总汇》，第一册，第 216 页。

图 1.19 背后饰有图像的镜屏。故宫博物院藏

辅相成的层次上发挥出"新"的作用，一是形制和设计，二是功能和意义。从形制上说它可被视为一种新型的屏风，这是因为其造型、材料和装饰都与传统立屏一脉相承，镜面镶在硬木框内，框架立在稳固的雕花镜脚上。但代替传统屏面的玻璃镜片则给予了这种器物完全不一样的用途和意义：在屏蔽物理空间的同时映照对面并扩展视觉空间。从雕刻纹样和技术风格上看，这些镜屏的木活明显都是在中国、大部分是在宫中设计制作的。有的镜屏背后还饰有图像，更显出与传统"画屏"的近亲关系（图 1.19）。上面说到的乾清宫大殿明间两旁的一对镜屏，是故宫内现存的最大这类器物。两镜形制规格相同，均高 350 厘米（镜心高 280 厘米，清尺约八尺七寸）、宽 120 厘米，镜框使用上好紫檀，雕为

图 1.20　翊坤宫清末陈设，室内放置了两面镜屏

盘龙形象（见图 1.16）。在故宫学者付超看来，这两面大镜不但在视觉上强化了殿内空间的宽阔和深邃，而且也具有强烈的象征意义：陈设在皇帝日常理政的殿堂内，巨大的镜面暗示着王道的公正和透明，从而承载了传统中国政治文化中的"明镜高悬"的法律概念。[31] 不同材质和纹饰的镜屏也被放置在皇帝与后妃的寝宫里，如太极殿中的紫檀框镜屏高258 厘米（镜心高 131 厘米，清尺约四尺一寸）、宽 91 厘米。储秀宫和翊坤宫中各陈设了两面镜屏，早期照片显示出它们在清代末期的放置位置（图 1.20）。寝宫中的这些镜屏不一定含有明显的政治象征意义，而是与下节将谈到的"幻"的概念有着更为密切的关系。

---

31 付超，《清代宫廷生活中的玻璃镜》，载《明清论丛》，第 14 辑，第 440—441 页。

《对镜仕女图》

紫禁城内现存的早期独立镜屏大多被定为乾隆时期。虽然不排除有的可能早到雍正和康熙二朝，但无法确切证明这种可能性。[32] 据笔者所知，目前最能证明落地镜屏存在于康熙和雍正朝的材料是两幅少有人知的绘画作品，一幅是上文介绍的《圣帝明王善端图》册中的《唐玄宗照镜图》(见图 1.6)，另一幅于 2002 年入藏美国波士顿美术馆(Museum of Fine Arts, Boston)，在此之前属于一个不愿透露姓名的日本藏家。[33] 在本书之前，它只在两个展览图录上出现过，分别为伦敦的维多利亚和阿尔伯特美术馆（Victoria and Albert Museum）于 2004 年举行的《亚洲和欧洲的会面，1500—1800》展，以及苏州博物馆于 2019 年举行的《画屏：传统与未来》展。[34] 但都没有对它进行讨论。

此画目前定名为《对镜仕女图》，画面 22.6 厘米高、49.8 厘米宽，有限的尺寸使之便于拿在手中或放在案上观看（图 1.21）。画面非常素净，背景空无一物，图像由相互呼应的左右两组构成。左方靠近底

---

32 此据故宫博物院家具史专家张志辉先生告知，特此表示谢意。

33 波士顿美术馆由古美术柳博（Hiroshi Yanagi Oriental Art）购入。与此画同时购入的还有三幅同样尺寸和装裱的画，都有焦秉贞的题款，应属于一套仕女图。在波士顿美术馆的编号为 2002.36—39。

34 Anna Jackson, Amin Jaffe eds, *Encounters: The Meeting of Asia and Europe, 1500–1800* (London, The Victoria and Albert Museum, 2004), pl. 23.10, p. 305. 巫鸿编，《画屏：传统与未来》，苏州博物馆，2019 年。

图 1.21　焦秉贞《对镜仕女图》。18 世纪上叶，波士顿美术馆藏

边立着一架镜屏，长方边框略承圆角，植于雕刻繁复的屏座之上。一名云髻古装的女子站在屏前，头颈微向前伸，正凝神屏气地观看着自己在镜中的映像（图 1.22）。而镜中的女子——我们可以清楚看到她的面貌和衣饰——也凝视着她的原型。这个镜中女子右臂下垂，左臂弯曲上抬，显示出镜外女子以右手扶框，更强调了人镜之间的亲近。画家对人物形象的细腻处理，通过对浓淡墨色的控制而更显微妙。一反清宫仕女画惯用的工笔重彩风格，此画全以水墨勾勒和渲染而

成。画家以淡墨为主调，只有女子的云髻接近纯黑。而她镜中映像的用墨则可说是淡中之淡，微妙地指示出影像和实体的区别。

画面右方的图像也由两个形体构成，但没有人物。两者之一是一只高几，上面放置着香炉（图1.23）。在画中它起陪伴的作用，衬托着一把造型复杂的树根交椅。椅身及扶手皆以苍虬木根拼接而成，依形度势有如云朵变幻，只有座面嵌以方形的编织席板。我们在下文中将回过头来讨论这把空椅的含义。

图 1.22 《对镜仕女图》细部　　　　　　图 1.23 《对镜仕女图》细部

　　画幅右下角有"臣焦秉贞恭绘"题款，说明是为皇上专门制作的，题款下盖白文"焦"和朱文"秉贞"两印。在清朝宫廷里，焦秉贞（1689—1726 年）是最早把中西绘画风格进行融合的中国画家。据记载他在康熙朝中曾任职于钦天监，从天主教士、天文学家汤若望（Johann Adam Schall von Bell，1591—1666 年）那里学到了西方线性透视画法。翰林院侍讲学士胡敬在《国朝院画录》中对这种画法——当时称为"线法"或"海西法"——做了如此解释："海西法善于绘影，刻析分，以度量其阴阳向背，斜正长短，就其影之所着而设色，分浓、淡、明、阴焉。故远视，则人、畜、花、木、屋、宇皆植立而形圆，以至照有天光，蒸为云气，穷深极远，均粲布于寸缣尺楮之中。"³⁵ 特别指出："（焦）秉贞职守灵台，深明测算，会司有得，取西法而复通之。圣祖（康熙）之奖其丹青，正以奖其理数也。"³⁶ 这些描述一方面说明了他的绘画并非是对欧洲绘画进行机械临摹，而是"取西法而复通之"，意图达到中西合璧的效果，另一方面也印证了康熙皇帝对他所进行的这种艺术实验的鼓励。

关于焦秉贞服务于清宫的年代，聂崇正对其画作和有关记录进行了详细调查，所找到的最早画上题款为康熙二十八年，最晚的作品创作于雍正四年。他因此认为焦秉贞在 1689 年以前已经进入宫廷供职，至其去世的 1727 年仍有作品传世。³⁷ 在这个时间框架中考虑《对镜仕女图》的创作时期，多项理由引导我们认为它最可能是焦秉贞晚年在雍正朝中的作品，画于 1722 年至 1727 年之间。

除了此画的水墨媒材有别于焦秉贞盛年的一系列作品之外，一项重要的理由是在笔者看来，这幅画显示了雍正的个人参与，而这种参与是这位清朝皇帝和他的父皇十分不同的一个地方。甚至当雍正还是雍亲王胤禛的时候，他就精心策划并参与制作了两件艺术作品，一是一架精美的十二扇美人屏风（《胤禛围屏美人图》），二是一套别出心裁的《胤禛耕织图册》。美人屏风安置在他在圆明园中的

35　胡敬，《国朝院画录》，收入《续修四库全书》，子部，艺术类，第 1082 册：胡氏书画考三种，卷上，焦秉贞条。上海：上海古籍出版社，2002 年，第 33 页。

36　同上书，第 33 页。

37　聂崇正，《宫廷艺术的光辉》，台北：大东图书公司，1996 年，第 52 页。

a   b

住所深柳读书堂，虽然学者对于画中女像的身份众说纷纭，但都同意胤禛切身参与了这套图画的设计和创作。最清晰的证据是其中四幅嵌入了他的书法和私印，并且都被设计为室内空间的有机组成部分，出现在"把镜"中的立屏上和"展书"中的叶形贴落里（见图1.24a，b），在"持表"和"赏蝶"中又分别被设计成黑底泥金书条

c   d

图 1.24（a—d）《胤禛围屏美人图》中的"把镜""展书""持表""赏蝶"四幅。
18 世纪初期，故宫博物院藏

幅和大字对联（图 1.24c，d）。书法的题诗全部是胤禛自己创作的咏
美人诗句，[38] 但和通常题画诗不同，被费尽心思地植入画中建筑空间，

38　杨新，《〈胤禛围屏美人图〉探秘》，载《故宫博物院院刊》，2011年第2期，第
　　6—11页。

或仅显示局部，或以花瓶和其他什物遮挡其边角。[39]

《胤禛耕织图册》以康熙年间刻版印制的《耕织图》为蓝本。先是康熙皇帝在其 1689 年的第二次南巡中看到宋版《耕织图》，感到应该大力推广以辅国政，因此让焦秉贞据其原意重新绘制，作《耕图》和《织图》各二十三幅又加以刻板印制。胤禛投父皇之所好，特地让宫廷画师重新绘制了一套，把每幅中的主要人物都换成了自己的肖像，以表达"亲民"之意。以"收刈"一页为例（图 1.25），近景中的五个农夫正在紧张地收割田里的稻子，另外两名农夫将割下的稻子扎捆担走。穿着庶人服装的胤禛出现在画幅中心，站在田埂上指挥着这个劳动场面。画上方冠有胤禛的亲笔题诗，庆贺太平时节的丰收，文后钤"雍亲王宝"和"破尘居士"印章。

这两套作品虽然在内容上很不一样，但具有一个共同特点，那就是胤禛本人的持续"在场"。"在场"在这里有两个含义，一是他既是这些绘画作品的赞助人又是联手合作的艺术家——作为赞助人他授意绘制了画屏和图册；作为合作艺术家他将自己的诗作和书法融入图像之中。"在场"的另一个意义是他在画幅中的切身存在：不管是在《耕

---

39 对这套画的更详细的讨论见 Wu Hung, "Beyond Stereotypes: The Twelve Beauties in Qing Court Art and *The Dream of the Red Chamber*", in E. Widmer and K. I. S. Chang, ed., *Ming Qing Women and Literature*. Stanford: Stanford University Press, pp. 347. 中译见巫鸿，《时空中的美术》，北京：生活·读书·新知三联书店，2009 年，第 281 页；以及巫鸿，《中国绘画中的"女性空间"》，北京：生活·读书·新知三联书店，2019 年，第 448—462 页。

图 1.25 《胤禛耕织图册》中之《收刈》。18世纪初期，故宫博物院藏

织图册》中乔装现身，还是用自己的印章和书法在《胤禛围屏美人图》中作为替代，他始终都存在在画幅里，从作品内部控制着艺术表现。

当胤禛登基成为雍正皇帝之后，他的至尊地位使他可以调动整个宫廷造办处为他的兴趣和幻想服务；上文征引的他对装置玻璃镜的诸多指令，明显反映出他对宫廷装修和艺术活动的深层介入。他下令创作的绘画作品依旧显示出他的在场，也仍然是通过"显"和"隐"两种方式。"显"的方式延续着《胤禛耕织图册》模式：他让如意馆的宫廷画家为他绘画了各式各样的行乐图，他自己的相貌是所有画幅中的唯一恒定因素。除了在图 1.9 和 1.10 中装扮成欧洲帝王之外，他还化装成道教法师、雪山活佛、蒙古王子、古代文人等。很难想象任何宫廷画师胆敢自行创造这些异想天开的"肖像"；它们无疑出于雍正的创意，由宫廷画家领命完成。

"隐"的方式则延续《胤禛围屏美人图》的模式：雍正的形象并不出现，但以隐蔽的方式存在于画中。他当皇帝后下令制作的一件这类作品，是称为《雍正古玩图》的一套卷轴，目前只有两卷存世，分藏于大英博物馆、维多利亚和阿尔伯特博物馆。这两卷画属于一个宏大的艺术工程：大英博物馆卷（原属于大维德中国艺术基金会）长达 20 米左右，高达 1.35 米，卷中以近乎照相般的写实方法绘制了雍正收藏的 223 件青铜、玉、瓷、珊瑚、竹木等不同质料器物（图 1.26）。维多利亚和阿尔伯特博物馆卷的尺幅相同，包含 262 件器物的图像。前者卷首题签写"卷六"；后者写"下，卷八"，可能属于另一系列。英国美术史家马啸鸿（Shane McCausland）估计如果这套画有上下两

图 1.26 《雍正古玩图》卷六局部。18 世纪上叶，大英博物馆藏

个系列而每卷包含两百五十件左右器物的话，整套应该包括了四千件左右的器物图像。[40]

对于本节讨论说来，这套画一个十分有意思的地方，是大英博物馆卷压轴处精心绘制的一个宝座（图 1.27）。座上的垫子和靠枕都裹以绣着飞龙的黄缎，背后是精雕的红木五扇古玩图屏风，明显是至尊皇帝的坐处。为什么要把这个座位画在这里呢？要理解设计的意图，我们必须懂得中国古代视觉文化中的一个渊远流长的传统，即以"位"代表主体存在的图绘方式。早在先秦时代，《礼记》中的

---

40 Shane McCausland, "The Emperor's Old Toys: Rethinking the Yongzheng (1723-35) Scroll of Antiquities in the Percival David Foundation", *Transactions of the Oriental Ceramic Society* 66 (2001-2), pp.68.

图 1.27 《雍正古玩图》卷六尾部所绘的雍正宝座

"明堂位"在界定周王的权威时并非通过描绘他的实际在场，而是通过确定他被朝臣、诸侯、蛮夷首领层层环绕的中央位置。在以后各代的礼仪场合与艺术作品中，无数空座象征着被尊崇和膜拜的对象，通过"标记"而非实际现身的方法表现主体。[41] 而在各代帝王中，雍

---

41 对"位"的讨论见Wu Hung, "A Deity Without Form: The Earliest Representation of Laozi and the Concept of *Wei* in Chinese Ritual Art", *Orientations* 34.4 (April 2002), pp. 38–45"；中译见巫鸿，《无形之神——中国古代视觉文化中的"位"与对老子的非偶像表现》，载《无形之神——巫鸿美术史文集卷四》，上海：上海人民出版社，2020 年，第 205—219 页。

正对于"座"或"位"显示出少有的重视。他在登基后的第一年就以考试方式谕令翰居词臣撰写"雍正宝座铭"进呈,由他自己阅读批示。经他圈点的词句包括:"维皇上帝,佑此下民。作之君师,宝座斯陈";"粤稽圣哲,正位凝命。端拱时雍,居中守正";"巍巍宝座,万邦所瞻。位乎天位,有翼有严"等。[42] 同一年他还下了两个有关尊座和宝座的上谕,一是要求皇子对师傅的空座行礼,并说"朕为藩王时,在府中亦如此行"。[43] 二是训斥小太监不知礼数,扫地时"竟从宝座前昂然直走,全无敬畏之意",因此告诫说:"嗣后凡有宝座之处,行走经过,必存一番恭敬之心,急趋数步,方合礼节。若仍不改,尔等即严切教训。如屡诲不悛,即将伊治罪。"[44] 从文化历史传统和雍正自己的言教身教中去理解,《雍正古玩图》中的宝座无疑象征着雍正本人的存在:他是卷中所绘器物的唯一拥有者,也是它们的唯一玩赏者。

---

42 中国第一历史档案馆,《雍正宝座铭(上)(下)》,载《历史档案》,1998年第1期,第3—11页;第2期,第3—9页。

43 全文为:"雍正元年正月十七日,上谕:诸皇子入学之日,与师傅预备杌子四张,高桌四张,将书籍笔砚表里安设桌上。皇子行礼时,尔等力劝其受礼,如不肯受,皇子向座一揖,以师儒之礼相敬。如此则皇子知隆重师傅,师傅等得以尽心教导,此古礼也。朕为藩王时,在府中亦如此行。至桌张饭菜,尔等照例用心预备。"鄂尔泰、张廷玉等编,《国朝宫史》,北京:北京古籍出版社,1994年。

44 原文为:"雍正元年六月二十二日,上谕:近来新进太监,俱不知规矩。朕曾见伊等扫地时,挟持苕帚,竟从宝座前昂然直走,全无敬畏之意。尔等传与干清宫等处首领太监等,嗣后凡有宝座之处,行走经过,必存一番恭敬之心,急趋数步,方合礼节。若仍不改,尔等即严切教训。如屡诲不悛,即将伊治罪。"《国朝宫史》。

图 1.28 根雕椅。清代，故宫博物院藏

　　这就把我们引回到《对镜仕女图》，去思考其中那把根雕椅的含义（见图 1.21，1.23）。制作这种家具的树根在造办处档案中被称作"天然木"。据故宫博物院家具专家张志辉介绍，此木从雍正到乾隆时期都有生产，[45] 其实际例证也可以在故宫藏品中找到，造型与《对镜仕女图》中所绘相当接近（图 1.28）。与正厅安置的宝座不同，这种座位因其浑然天成的材料而含有自然无为的象征意义，常被放置在园林轩榭等休闲场地之中。在《对镜仕女图》里，这把椅子正

45　私人交流。特此感谢。

好朝着侧前方的人物和镜屏，隐含地表现了雍正身处御园或后宫的闲适氛围中，观望欣赏着现实或想象中的观镜美女。这张画的意味因此和《胤禛围屏美人图》相当接近，后者中的无形胤禛也在隐匿地观察着这些美女的举止，其中包括一位揽镜自怜的美人（见图1.24a）。如果说这幅雍正登基前创作的"把镜"图延续了古代仕女画中的一个持久模式，即描绘女子在青铜"容镜"中审视自己的面庞（见图I.9，I.10，2.1），那么《对镜仕女图》则引入了一个新的表现模式，以等人高的镜屏复制女子的整个身形。正如本书下编中将要讨论的，这个新模式在一百多年之后发明的摄影术中得到了全面发挥并成为一种全球传布的图像类型（见第三章中的许多插图）。但是在1720年代——无论在中国还是在全球，它还只是一个孤例。

第二章

从怡红院到养心殿：
文学和视觉想象中的镜屏

不同类型的镜子激发出不同的文学和视觉想象。手执或镜台上的小型容镜映出照镜者的容颜，杜丽娘因此在《牡丹亭·写真》一场中如此"照镜叹介"：

> 轻绡，把镜儿擘掠。笔花尖淡扫轻描。
>
> 影儿呵，和你细评度：
>
> 你腮斗儿怎喜谑，则待注樱桃，
>
> 染柳条，渲云鬟烟霭飘萧；
>
> 眉梢青未了，个中人全在秋波妙，可可的淡春山钿翠小。

与此相应，七峰草堂本《牡丹亭还魂记》（1617）的插图画家在描绘这个场景时只表现了杜丽娘的面影——不但在杜丽娘面前的圆镜中，也在她正在完成的自画像里（图 2.1）。虽然作为观者的我们

图 2.1 《牡丹亭·写真》插图。1617 年

看到的是她的全身形象，但"容镜"把这个形象进行了切割。就如杜丽娘在唱词里形容的，她笔下的画像只复制她的面影——樱桃般的嘴唇、柳丝般的云鬟、春山般的眉梢、秋波般的眼神。

这个"揽镜自容"的形象在中国绘画史中源远流长，从顾恺之的《女史箴图》（见图 I.10）到雍正的《胤禛围屏美人图》（见图 1.24a）从未中断。但是古代文学家和艺术家也并不仅仅专注于美女面容，不少时候也会把她们的整个身体作为描述和描绘的对象。可是在这种情况下，他们就必须放弃面积有限的容镜，而将竖高的屏风作为想象和表现的媒介。与后者相关的一则记载说的是五代时期的事情：南唐后主李煜（961—975 年在位）传召著名诗人冯延巳（903—960 年）上朝议事，过了很久延巳仍未露面，后主于是派了另一名侍从去催促。让侍从大吃一惊的是，冯诗人正在大殿前逡巡不进。问他为何如此，回答是"有宫娥着青红锦袍，当门而立"。二人向前查看，才发现是南唐画家董源画在一扇"琉璃屏风"上的西施画像。[1] 此事是否真正发生难以证明，但有意思的是冯延巳的诗词往往包含了"画屏"意象。在《酒泉子》里他如此吟咏："月落星沉，楼上美人春睡。绿云欹，金枕腻，画屏深"；在《采桑子》里他形象地描绘："香印成灰，独背寒屏理旧眉"，"玉娥重起添香印，回倚孤屏"；在《喜迁莺》中他低声吟唱："宿莺啼，乡梦断，春树晓朦胧。残灯和烬闭朱栊，人语隔屏风"；在《三台

---

1 《琅嬛记》，引自蒋廷锡编注，《古今图书集成》，上海：中华书局，1934 年，第 2211 页。

令》里他含蓄地写道："更深影入空床，不道帏屏夜长"。无不以屏
风指涉着宫闱深处美人的私密空间。

可与董源的西施画屏相互印证的是，文献和考古材料显示至少从汉
代开始，屏风就已成为描绘女性的标准媒材；唐代更发展出一种流行于
朝野上下的美人联屏，从首都长安一直传布到西域的吐鲁番和东海中的

图 2.2　鸟毛立女屏风。752 年以前，日本正仓院藏

日本群岛。屏风上的女郎手执乐器或物品，或站或坐；如出一辙的相貌和身段使人感到是同一美女转盼生姿，在多幅屏面上反复出现（图 2.2，2.3）。与这种"动画片"般多幅图像联系的是一种新的文学想象：屏风或屏幛上的女性画像不但能够欺骗眼睛，而且可以化成活人，最典型的例子是唐代杜荀鹤《松窗杂记》中记载的"真真"的故事：

图 2.3　美女屏风。长安县南里王村唐墓壁画，8世纪中晚期

　　唐进士赵颜，于画工处得一软障，图一妇人，甚丽。颜谓画工曰："世无其人也，如可令生，余愿纳为妻。"画工曰："余神画也，此亦有名，曰真真。呼其名百日，昼夜不歇，即必应之，应则以百家彩灰酒灌之，必活。"

　　颜如其言，遂呼之百日，昼夜不止，乃应曰："诺"。急以百家彩灰酒灌之，遂活。下步言笑，饮食如常。曰："谢君召妾，妾愿事箕帚。"终岁生一儿。

　　儿年两岁，友人曰："此妖也，必与君为患！余有神剑，可斩之。"其夕乃遗颜剑，剑才及颜室，真真乃泣曰："妾，南岳地仙也。无何为人画妾之形，君又呼妾名，既不夺君愿。君今疑妾，妾不可住。"言讫携其子，却上软障，呕出先所饮百家彩灰酒。睹其障，为添一孩子，皆是画焉。后因以"真真"泛指美人。

放在这个艺术和文学传统中去看，上章讨论的《对镜仕女图》似乎把传统文化中的这种想象最终化为现实（见图1.21）：人们终于在屏上看到了"活的"美人。镜屏所实现的，因此是一种新视觉媒材所造成的"变幻成真"。

同样的转变也发生在文学想象中：就在焦秉贞创作这幅画的十几年后，曹雪芹在《红楼梦》里以大玻璃镜为道具，构成这部旷世名著中的一条潜伏的叙事线索。

曹雪芹的镜屏想象

《红楼梦》中描写了两类镜子，一是旧式的铜容镜，一是新式的全身玻璃大镜。前者除日常使用外也传达出传统的道德象征意义，后者引起的是令人惊讶的全新视觉经验。前者的代表是著名的"风月宝鉴"，后者都与怡红院有关，那是小说主角贾宝玉的住处。

"风月宝鉴"出自小说第十二回，讲的是贾府远亲贾瑞迷上了本家嫂子王熙凤，但被凤姐戏弄敲诈，终于病倒在床。汤药治疗均不见效，奄奄一息之际忽听到一个游方道人，在外边呼叫能治各种冤业之症：

贾瑞直着声叫喊说："快请进那位菩萨来救我！"一面叫，一面在枕上叩首。众人只得带了那道士进来。贾瑞一把拉住，连叫："菩萨救我！"那道士叹道："你这病非药可医。我有个宝贝与你，你天天看时，此命可保矣。"说毕，从褡裢中取出一面镜子来，两面皆可照人，镜把上面錾着"风月宝鉴"四字。

既然是从褡裢中取出，此镜自然是尺寸不大的可携之物，而且下文也几次说到贾瑞将其拿在手中，翻来覆去地看它的两面。他在镜子背面看到的是一具骷髅；翻到另一面则是日思梦想的凤姐，招手邀他进入镜中。

贾瑞心中一喜，荡悠悠的觉得进了镜子，与凤姐云雨一番，凤姐仍送他出来。到了床上，嗳哟了一声，一睁眼，镜子从手里掉过来，仍是反面立着一个骷髅。贾瑞自觉汗津津的，底下已遗了一滩精。心中到底不足，又翻过正面来，只见凤姐还招手叫他，他又进去。如此三四次。到了这次，刚要出镜子来，只见两个人走来，拿铁锁把他套住，拉了就走。贾瑞叫道："让我拿了镜子再走。"只说了这句，就再不能说话了。

正如前面谈过的"业镜""秦王照胆镜"等带有宗教警戒意味的

魔幻镜子（见图 I.15，I.16），"风月宝鉴"映照的不是客观世界的表象而是内在的真实和幻想——其正面显示的是贾瑞希望看到的形象，表达的是他的欲望；背面显示的则是真相的警示，旨在治愈误入歧途的灵魂。小说讲述的这个双面镜当然是虚构之物，但有意思的是曹雪芹从传统青铜容镜取其原型，从而与他笔下的新式玻璃大镜形成明显对比。

《红楼梦》在四个场合中对这种新式玻璃大镜进行了描述。虽然所描写的镜子在形制和位置上并不完全一致，但却都和怡红院这个地点有关。第一次是在第十七回里，贾政带着门客游览刚盖好的大观园。细细看过几个地点之后，一行人开始加速浏览，直到走进一个特殊场所："一路行来，或清堂，或茅舍，或堆石为垣，或编花为门，或山下得幽尼佛寺，或林中藏女道丹房，或长廊曲洞，或方厦圆亭：贾政皆不及进去。因半日未尝歇息，腿酸脚软，忽又见前面露出一所院落来。"

走进院落，两边游廊环绕，山石旁种着几棵芭蕉，一株蓓吐丹砂的女儿棠夺人眼目。但真正的惊奇却发生在室内，那里"收拾的与别处不同，竟分不出间隔来"。各式各样的木架玲珑雕空，"或贮书，或设鼎，或安置笔砚，或供设瓶花，或安放盆景"，消解了墙壁的界限。其间又隐藏着真真假假的门窗，"倏尔五色纱糊就，竟系小窗；倏尔彩绫轻覆，竟系幽户"。墙上挂的物件都镶嵌在随形制作的凹槽里，看上去犹如平面绘画。再往里走，这种迷幻的感觉被一面大玻璃镜提升到了顶点：

贾政走进来了，未到两层，便都迷了旧路，左瞧也有门可通，右瞧也有窗隔断，及到跟前，又被一架书挡住，回头又有窗纱明透门径。及至门前，忽见迎面也进来了一起人，与自己的形相一样，却是一架大玻璃镜。转过镜去，一发见门多了。

曹雪芹没有细致描述这面镜子的形制和装配，但短短两句话已经总括出它的三个新奇之处：一是"大玻璃镜"——"大"和"玻璃"是这面镜子最重要的物理特征；二是它立在内室门前，进门者如同看见自己迎面走来；三是它犹如一架立屏可以被"转过去"，后面看到的却仍是层层门户。这些特征都不带有明显的宗教和道德含义，因此与醒世救人的"风月宝鉴"判然有别。使这面镜子不同凡俗的是它带来的奇特的视觉和空间经验，这对18世纪初的多数中国人尚属于想象的领域。

感于院中的芭蕉树和女儿棠，贾宝玉给这个地方起了"红香绿玉"这个名字。新封为贵妃的姐姐贾元春在省亲时将其改为"怡红院"。当贾府众姊妹和宝玉被容许住进大观园时，宝玉遂选择了这个地方作为自己住处。

小说下两次说到怡红院的镜子是在第二十六回和第四十一回，仍然是通过外人的眼光看到它的存在。这两个外来者一是贾府宗人贾芸，一是喝醉酒偶然闯进此处的农妇刘姥姥。第二十六回写贾芸随侍女坠儿来到怡红院，进院后听见宝玉从里边唤他进去，他于是连忙迈步走进房内：

> 抬头一看，只见金碧辉煌，文章耀灼，却看不见宝玉在那里。一回头，只见左边立着一架大穿衣镜，从镜后转出两个一对儿十五六岁的丫头来，说："请二爷里头屋里坐。"贾芸连正眼也不敢看，连忙答应了。又进一道碧纱厨，只见小小一张填漆床上，悬着大红销金撒花帐子，宝玉穿着家常衣服，靸着鞋，倚在床上，拿着本书。

"立着一架大穿衣镜"自然说的是站在地上的镜屏。两名侍女从镜后转出，所描写的空间也和贾政经验过的相似。所不同的是镜子从中路移到了左边，遮挡的也不再是迷宫般的层层门户，而是贾宝玉既华丽又闲散的私人空间，充满贵家公子的惬意和年轻女性的妩媚。

刘姥姥进入怡红院时的所见也重复着贾政一行的观感，先是"抬头一看，只见四面墙壁玲珑剔透，琴剑瓶炉皆贴在墙上"；然后也同样是"找门出去，那里有门？左一架书，右一架屏"。但从未见过的玻璃大镜给作为乡村农妇的她带来了更加富有戏剧性的惊喜：

> 刚从屏后得了一门转去，只见他亲家母也从外面迎了进来。刘姥姥诧异，忙问道："你想是见我这几日没家去，亏你找我来。那一位姑娘带你进来的？"他亲家只是笑，不还言。刘姥姥笑道："你好没见世面，见这园子里的花好，你就没死

活戴了一头。"他亲家也不答。便心下忽然想起:"常听大富贵人家有一种穿衣镜,这别是我在镜子里头呢罢。"说毕伸手一摸,再细一看,可不是,四面雕空紫檀板壁将镜子嵌在中间。因说:"这已经拦住,如何走出去呢?"一面说,一面只管用手摸。这镜子原是西洋机括,可以开合。不意刘姥姥乱摸之间,其力巧合,便撞开消息,掩过镜子,露出门来。刘姥姥又惊又喜,迈步出来,忽见有一副最精致的床帐。

这面镜子因此和贾政、贾芸看到的大玻璃镜似而不似:与其如屏风般立在门口,它现在被镶嵌在四面雕空的紫檀板壁之间,而且还装有西洋机括可以开合。作为一个文学叙事手段,这面镜子在此突出的是刘姥姥对怡红院中隐蔽空间的发现;贾政和贾芸眼中的大镜所强调的,则一是令人迷失的空间和幻象,一是令人艳羡的贵家内宅。

和这三次都不一样,怡红院中镜子的最后出现是由贾宝玉自己引起的,但却是通过梦中的经验。这是小说的第五十六回,他听说江南的甄家也有一位名叫宝玉的公子。疑惑之下闷闷回至房中,躺在榻上不觉昏昏睡去。梦中他进入了一个平行宇宙——同样的怡红院,同样的众多丫鬟,还有和他长得一模一样的甄宝玉。两人刚见面谈话,忽然听到外边说老爷传叫"宝玉",吓得二人慌乱不暇,一个夺门而出,另一个在后边叫他回来。喊叫的是贾宝玉——因为小说随后写道:

袭人在旁听他梦中自唤，忙推醒他，笑问道："宝玉在那里？"此时宝玉虽醒，神意尚恍惚，因向门外指说："才出去了。"袭人笑道："那是你梦迷了。你揉眼细瞧，是镜子里照的你影儿。"宝玉向前瞧了一瞧，原是那嵌的大镜对面相照，自己也笑了。……麝月道："怪道老太太常嘱咐说小人屋里不可多有镜子。小人魂不全，有镜子照多了，睡觉惊恐作胡梦。如今倒在大镜子那里安了一张床。有时放下镜套还好；往前去，天热困倦不定，那里想的到放他，比如方才就忘了。自然是先躺下照着影儿顽的，一时合上眼，自然是胡梦颠倒；不然如何得看着自己，叫着自己的名字？不如明儿挪进床来是正经。"

正如许多红学家指出的，《红楼梦》第一回中"太虚幻境"门侧的楹联"假作真时真亦假，无为有处有还无"可说是整部小说的概念蓝图。如此说来，第五十六回中宝玉的梦境可说是这个概念的人格化：抽象的"真、假"在此处化为"甄、贾"宝玉，梦境和镜影则隐喻着"有、无"的置换。而且，虽然麝月所言是来自民间的一种说法，但曹雪芹巧妙地把泛指的"镜"置换为怡红院里的一面特殊的、嵌在床边的大玻璃镜。从小说的字里行间，我们知道这面大镜起先和床榻并不挨在一起，只是"如今倒在大镜子那里安了一张床"，因此宝玉才能"躺下照着影儿顽"，在镜中看到他的双身。

从贾政首次在镜中看到自己到贾宝玉此时在镜中看到自己，这面奇异的大玻璃镜构成《红楼梦》中的一个暗含线索，虽不贯穿整部小说但也绝非无足紧要。最重要的是，这面新奇的大镜始终联系着怡红院这个地点，与小说主人公贾宝玉有着一种深藏不露的关系。宝玉的梦境把这个关系最后点了出来，通过把梦中的宝玉称为"甄（真）"，使读者突然意识到大观园中发生的一切，包括"贾（假）"宝玉和他的怡红院，可能都属于一个镜像中的虚构世界。

如此细腻、深刻的描写不可能全然出于虚构或道听途说，我们有足够理由设想曹雪芹幼年时曾对玻璃大镜有过深刻印象。众所周知，他的祖父曹寅做过康熙皇帝的伴读和御前侍卫，后任江宁织造和两淮巡盐监察御史。康熙六下江南曹寅接驾四次，曹家三代在康熙、雍正两朝主政江宁织造达五十八年，家世显赫成为南京第一豪门。我们几乎可以肯定如此的豪宅会拥有当时的时髦大镜——作为一个旁证，比曹寅早一年生，同为内务府包衣、康熙御前侍卫的赵昌也曾经富贵一时，官至养心殿总监造。他于雍正五年（1727）被抄家，抄家大员奏报的《内务府奏查赵昌家产事褶》中列出"玻璃镜大小十三；各种玻璃小物件一百九十二；各种西洋物件一百六十八种"等物。[2] 曹家的财势远盛于赵昌而接近于怡亲王。如前所述，怡亲王在雍正元年上交给造办处四座玻璃插屏，最大一件的镜心高达两米以上。在曹家于雍正六年（1728）被抄之前，曹雪芹在同样的富足环境中生活了十三年，他的童年经验中很可能包括有大玻璃镜

2　引自陈国栋，《康熙小臣养心殿总监造赵昌生平小考》，载冯明珠主编，《盛清社会与扬州研究》，台北：远流出版公司，2012年，第278页。

引起的惊喜和想象，这也可能就是《红楼梦》把这种镜子放在怡红院中——而且只放在怡红院中——的原因。

乾隆的镜像幻想

颇具兴味的是，曹雪芹对怡红院中玻璃镜的描述与雍正对玻璃镜在紫禁城中的安置颇有相合之处。当刘姥姥闯入怡红院内室，她看到的大镜嵌在"四面雕空紫檀板壁"中间，有机括可以开合，"掩过镜子，露出门来"。而上章谈到的雍正在养心殿后殿装置的大玻璃镜也是以紫檀木镶边，旁边安装了折叠书格，背面隐藏有可以开合的档门活板。丫鬟麝月在《红楼梦》第五十六回中说宝玉做梦是因为"如今倒在大镜子那里安了一张床"，而造办处档案载雍正四年十月二十五日"将二面镜子安在东暖阁仙楼下羊皮帐内。南面安一面，北面安一面"；雍正五年六月二十日又在"万字房西一路起窗板，前靠北床半出腿玻璃镜插屏"[3]。乾隆继位后延续了这种做法，于乾隆四年在"同乐园罗幌内床上着安玻璃镜"。[4] 这类床镜合一的实物在养心殿三希堂后部的长春书屋以及倦勤斋东书房里都还保存着，床榻旁都安置有镜子。去故宫博物院的游客也还可以在翊

3　见中国第一历史档案馆、香港中文大学文物馆，《清宫内务府造办处档案总汇》，第
　　2 册，第 80 页、第 720 页。

4　同上书，第 9 册，第 462 页。

图 2.4　翊坤宫中的三扇镜面屏风。清代，故宫博物院。图片由张志辉先生提供。

坤宫中看到宝座后边安置的一架三扇镜面屏风（图2.4），从装饰看是乾隆时期风格，离曹雪芹写《红楼梦》的时代不远。坐在宝座上的人可以看到自己化为若干分身，如同进入梦境和自己晤面。

实际上，乾隆非常清楚全身玻璃镜造成的这种"双身"效果，以及由此产生的"与自我对话"的可能性。收在《清高宗御制诗文全集》中的他的一首诗以这种新式镜子为主题，咏道：

斫檀紫翠蟠龙蛇，锦帘半揭文绣斜。

中含冰月无点瑕，水精云母羞精华。

西洋景风吹海舶，海门晓日摇波赤。

梯陵度索万里遥，价重京华等球璧。

虚明应物中何有，妍者自妍丑自丑。

匡床坐对寂万缘，我方与我周旋久。[5]

　　诗的头两句描写玻璃镜镶在雕成盘龙的紫檀木框中，从半掀的锦帘后露出镜面。随后两联追溯这种镜子产自大洋彼岸的西方，舟行万里、翻山越岭来到中华，如同珠宝般珍贵。接下两句讲镜子的明亮表面反射出客体的真实本相，不论对象是美是丑。结尾两句上升到哲学层次表达精神上的感受：坐在床榻上面对镜子，似乎万缘皆寂，只有他和自己无休止地辗转周旋。

　　乾隆也曾把这种"面对自我"的感受写进题画诗里。在一幅清宫旧藏、名为《平安春信图》的画上，他用金字题写了这首诗："写真世宁擅，缋我少年时。入室皤然者，不知此是谁。"（图2.5）题诗时间是"壬寅暮春"，即1782年春季，乾隆七十二岁之时。诗后钤"古稀天子""犹日孜孜"二印，画幅上方钤"八徵耄念之宝""古稀天子""太上皇帝之宝"，都是乾隆晚年用的印章。

　　诗的意思很平直："肖像画是郎世宁擅长的事情，他描绘了我少

5　《清高宗御制诗文全集》第一册，北京：中国人民大学出版社，1993年，第185—187页、第257页。

图 2.5　郎世宁，《平安春信图》。18 世纪，故宫博物院藏

年时的容貌。今天我走进这个屋子，竟然一下认不出此为何人。"实际上，题这首诗时郎世宁（Giuseppe Castiglione，1688—1766年）已经去世十六年了。乾隆面对自己少年容貌的时候，也想起了这个为他绘过无数肖像的意大利画家。这里一个有意思的问题是：这是幅卷轴画，但乾隆为何在题诗里却说"入室幡然者，不知此是谁"——所表达的不是展卷而是走进房间后的刹那感觉？这个问题曾引导我对这张画的原始创作场合做了一个专题研究，虽然由于材料性较强不便在此充分展开，但因为与下文有关而需要把结论介绍一下。[6]

从内容上讲，《平安春信图》是青年弘历——这是乾隆的私名——和父皇雍正的双人肖像，其核心情节是雍正将一枝梅花递给乾隆，因此表现了皇位传承这个政治命题，也是"平安春信"一语的隐喻所在。这幅画很可能作于乾隆十四年（1749），契机是乾隆在此年下令重新绘制养心殿西暖阁墙上的通景画，新画表现的是一间虚拟的屋子，两边墙壁上仿照周围窗户画假窗，中间是一张陈设着古玩的长案，上方悬一件"玻璃吊屏"，两旁挂一副对联。[7]据我的研究，郎世

---

6 巫鸿，《重返作品:〈平安春信图〉的创作及其他》，载《故宫博物院院刊》，2020年第10期。

7 原文为:"乾隆十四年，如意馆，四月二十八日，副催总持来司库郎正培、瑞保押帖一件，内开为十四年二月初十日太监胡世杰传旨:养心殿西暖阁向东门内西墙上通景油画，着另画通景水画，两傍照三希堂真坎窗样各配画坎窗四扇，中间画对子一副，挂玻璃吊屏一件，下配画案一张，案上画古玩。画样呈览，准时再画。其油画有用处即用。钦此。"《清宫内务府造办处档案总汇》，北京:人民出版社，2005年，第16册，第588—589页。

宁就是在这个计划中奉旨创作的《平安春信图》，以此画或类似版本在书案上方展陈。十四年之后，也就是乾隆二十八年（1763），乾隆对三希堂又进行了一次整体改造装修，这幅通景画也被重新制作，把《平安春信图》的核心形象融入更具幻视效果的空间。这幅壁画今日仍保留在原地，我将之称为《〈平安春信图〉通景画》（图2.6）。

图2.6　金廷标、郎世宁，《〈平安春信图〉通景画》。18世纪，紫禁城三希堂内

以这个简单的总结为背景，下文的讨论将沿三个方向展开，都和"画"与"镜"这两个概念密不可分：一是养心殿和三希堂历次更新的内在逻辑；二是现存《〈平安春信图〉通景画》的视觉性；三是这幅画与其建筑环境——包括一面大镜——的配合。

§

这里我们需要介绍一个关键的历史背景，即养心殿在清代的极端重要性：这个建筑群在雍正时期成为紫禁城里政治意义上仅次于太和殿的建筑（图 2.7）。雍正把这个位于城中西路南端相对独立的宫室改造成为他日理万机、统治全国的行政中枢，不但在这里接见大臣，阅览奏章，颁布法令，同时也把自己的住处从乾清宫搬到这里。养心殿前殿由三个建筑空间组成——中间是放着宝座的正殿，东翼是皇帝的起居处所，西翼是书房（图 2.8）。乾隆登基后效仿父亲也以养心殿作为统治中心，并进而把西翼分割成数间以为"养心"之用。当他于乾隆十一年（1746）获得王羲之《快雪帖》、王献之《中秋帖》和王珣《伯远帖》之后，将养心殿西暖阁南部定名为"三希堂"并进行了装修，加大了窗户，添加了贴落画和隔扇（图 2.9）。乾隆二十八年的工程又对此处进行了一次全面的空间改造，所有决定均由乾隆亲自做出，在造办处档案中有详细记录。装修的重点是以各种手段——包括通景画、大玻璃镜和特殊制作的器物——赋予这个狭小房间以更强的空间感和虚幻性。这次改造的结果基本上保

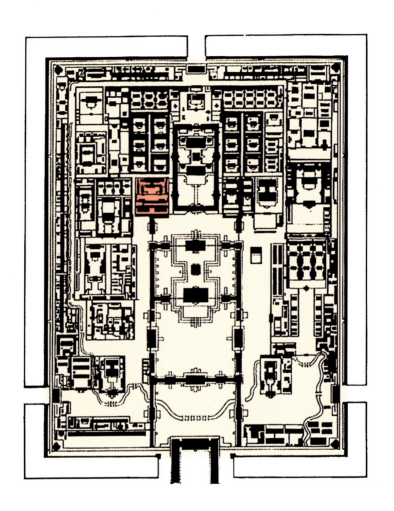

图 2.7　养心殿在紫禁城中的位置

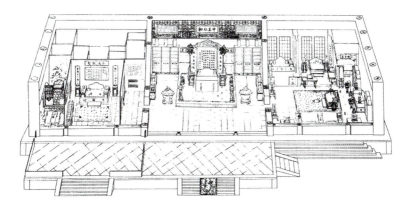

图 2.8 养心殿结构图

图 2.9 三希堂

存至今——虽然局部结构有所改动。为了理解堂中通景画和镜子的视觉特性以及与建筑环境的关系，让我们进行一次想象的旅行，一步步走进这个空间，体验图画和镜子造成的空间效果。

进入三希堂的小门设在"勤政亲贤殿"西壁上。这个殿堂位于养心殿前殿西翼，是皇帝批阅奏折、与大臣密谈之处（见图 2.8）。乾隆在通往三希堂的门前安装了一个称作"壁子"的紫檀木三面隔断，中间的门上挂着厚重的"红猩猩毡"，遮挡住通往三希堂的门户。根据清宫档案，这个壁子（现已不存）是乾隆三十年安装的，因此与在三希堂内重绘通景壁画同时。[8] 这个记载对我们理解这幅壁画的视觉效果很重要，因为它表明壁画不能从勤政亲贤殿里直接看到，只有掀帘进入壁子后边才能面对它。观者看到的是一道窄门内的幻景——这道门以硬木花格镶边，使这个幻景如同立镜中的映像（图 2.10）。

越过这道门，观者便看到了整幅通景画。画面顶天立地，从花砖地面直通顶棚（图 2.11）。这里需要说明的是，虽然我将这张壁画据其主题和形式称为《〈平安春信图〉通景画》，但这个称呼并不全面，原因是虽然它复制了《平安春信图》(见图 2.5)，但壁画的整体构图要宽阔许多，表现的实际上是一个虚拟的廊庑空间。廊庑地面

8　原文为："乾隆三十年如意馆，十一月十二日，接得郎中德魁等押帖一件，内开本月初八日太监胡世杰传旨：养心殿西暖阁三希堂向西画门，着金廷标起稿，郎世宁画脸，得时仍着金廷标画。"《清宫内务府造办处档案总汇》，第 29 册，第 539 页。

图 2.10　从勤政亲贤殿看入三希堂

图 2.11 《〈平安春信图〉通景画》在其建筑空间内

上铺着向内延伸的青花八宝瓷地砖，墙面和顶棚上糊着团花纹壁纸，两壁的硬木隔扇窗透入虚拟的室外光线。廊庑尽头墙壁上开着一道虚拟的圆洞门，通向室外花园。我们看到园中一长一幼两个男子，在古树、湖石、鲜花之间朝我们走来（图 2.12）。长者向少年传递一枝梅花，正是《平安春信图》中的情景。

　　在以往的美术史讨论中，学者们都认为这种通景壁画是清代宫廷艺术在皇帝的支持下吸收西洋透视技法的结果，目的在于创造能够欺骗眼睛的虚幻空间。这个观点总体上说仍是正确的，但故宫学者陈轩近日提出的一个看法把这一宏观解释更加复杂化了。在他看来，《〈平安春信图〉通景画》既表现了通向远方的空间，

图 2.12 《〈平安春信图〉通景画》局部

同时也模拟着镜子中的映像："顺着延伸进墙壁的地砖，观者仿佛可以走进画中的月洞门去游赏花园。'墙里'的地砖与真实的地砖又仿佛形成了一对镜像，站在贴落前的观者恍惚间似在看向墙上的一面大玻璃镜。"[9] 为了证明这个解释，他对养心殿的装修历史做了富于成果的探寻，发现通景画与大玻璃镜之间有着非常有趣的历史联系：

> 乾隆元年，刚继位的皇帝开始对从父皇那里继承来的养心殿寝宫进行改造，其中一项重要工程就是在屋内各处绘制通景画，一部分通景画取代的是屋中玻璃挂镜或玻璃镜插屏的位置。例如，根据造办处档案的记载，养心殿西暖阁在安仙楼时，"玻璃镜一架拆出送圆明园"；"养心殿西暖阁内陈设拆去：万字床两张随二面玻璃镜、黑漆方胜香几随一件玻璃镜"；随后，乾隆下旨"养心殿西暖阁仙楼附近俱画通景画油画"；"养心殿后殿着画通景油画三张"。这些调整并不是因为乾隆对大玻璃镜不再感兴趣，相反，乾隆时期的造办处档案中充满了关于制作玻璃镜屏的记录。更加合理的推测是，由于通景画和玻璃镜在制造幻象空间方面的共通之处，它们之

9 陈轩，《诗意空间与变装肖像——玻璃镜引发的清宫视觉实验》，载《文艺研究》，2019 年第 3 期，第 149—159 页，引文出于第 155 页。

间是可以相互替代的。[10]

　　陈轩认为《〈平安春信图〉通景画》包含镜像的这一建议很值得重视。在我看来，还有一个证据可以支持这个看法，即上文介绍的《平安春信图》上的乾隆题诗。诗中的"入室幡然者，不知此是谁"两句表达了他走进房间后的刹那感觉。其原因是这张画以及替换它的《〈平安春信图〉通景画》都安置在三希堂入口的正对面，乾隆"入室"后看到的首先是自己的画像，很自然地会产生面对镜子的感觉。

　　虽然从内容和政治意义上说《平安春信图》和取代它的《〈平安春信图〉通景画》是一致的，都以雍正和弘历父子肖像为中心，强调乾隆继承皇位的合法性和他对父皇的忠孝，但两画对于空间的表现则有很大差别。在建筑史学者张淑娴看来，"原来的通景画表现的是室内的景致，视觉范围有限，新的通景画将人们的视线从室内空间延伸到了外面，通过圆洞门伸向了花园，再透过花园伸向了无限的远方。"[11] 这个观察十分准确，但新画所代表的观念变化还不仅如此；在理解它的空间性的时候，我们不应该仅仅注目于这幅壁画本身，还应该把它看成是重新设计的三希堂整体空间的一个内在组成部分。

10　陈轩，《诗意空间与变装肖像——玻璃镜引发的清宫视觉实验》，第155页。所引档案材料出于《清宫内务府造办处档案总汇》，第7册，第90—91页、第97页、第175页。

11　张淑娴，《三希堂的空间构思》，载《紫禁城》，2016年第12期，第129页。

图 2.13　三希堂内大玻璃镜中反射的乾隆坐榻

　　相当重要的一点是：在这幅画旁边的同一面墙上，乾隆还下令安装了一面大玻璃镜（图 2.13）。据造办处档案记载，安装此镜的旨意是在乾隆于三十年十月十七日发出的，与他下令宫廷画家创作《〈平安春信图〉通景画》的时间只差几天，明显是相互联系的决定。同样值得注意的是，这面大镜也是从地面直通屋顶，尺寸和比例与《〈平安春信图〉通景画》非常接近。为了找到合适的材料，乾隆下令手下弄清楚造办处仓库里有多少块"摆锡大玻璃"，"查明尺寸呈览，准时在养心殿西暖阁镶墙用"。接到报告后他挑选了一块尺寸接近的镜面，下令裁掉八寸七分的长度以适于三希堂的墙面。[12]

被并排安装在三希堂的西墙上，这面镜子与《〈平安春信图〉通景画》构成了两个不同的"镜面"，分别以镀锡玻璃和透视绘画映射出前面的物象。但在三希堂里它们以一道带有槛窗的楠木隔扇相隔，分属于内外两个空间。通景画位于外间，是进屋看到的第一个景象。镜子属于内室，斜对着矮炕上的乾隆坐榻；榻旁墙上装饰着乾隆定制的"半圆瓷瓶"，看似镶在壁内但其实挂在墙

12　档案记录原文为："乾隆三十年，油木作，十月十七日，催长四德、笔帖式五德来说，太监胡世杰传旨：着查造办处库贮摆锡大玻璃有几块，查明尺寸呈览，准时在养心殿西暖阁镶墙用。钦此。于本日，催长四德、笔帖式五德，将查得库贮摆锡玻璃二块，内长七尺一寸、宽三尺四寸八分一块，长六尺一寸五分、宽三尺一块，缮写数目单持进，交太监胡世杰呈览。奉旨：准用长六尺一寸五分宽三尺玻璃一块，钦此。于十月十九日，催长四德、笔帖式五德来说，太监胡世杰传旨：养心殿西暖阁镶墙用玻璃一块长六尺一寸五分搭去八寸五分，高要五尺三寸，添配三寸宽紫檀木边，其搭下玻璃有用处用。钦此。"《清宫内务府造办处档案总汇》，第 29 册，第 624 页。据张淑娴，三希堂西墙现存紫檀木边镜子高 1.94 米，宽 1.15 米，档案记载镜子高五尺三寸、宽三尺，加上三寸紫檀木边框后，通高五尺九寸，宽三尺六寸，约合 1.89 米高，1.15 米宽，与现存镜子相符。此外，乾隆在同年还命令把"圆明园慈珠宫西间现挂楠木边玻璃镜一件，著取来在养心殿西暖阁用"（《清宫内务府造办处档案总汇》，第 29 册，第 624 页）。张淑娴认为这是以上这面大镜使用的最后材料。但也有可能圆明园慈珠宫的镜子被用在养心殿西暖阁中的另一处，如长春书屋外间圆光门内安置的一面墙的大镜。

图 2.14　三希堂中乾隆座位旁挂在墙上的半圆瓷瓶

面（图 2.14）。乾隆每日进入三希堂时因此会两次看到自己的"镜像"，首先是画中和父皇在一起的年轻自己，然后是自己在镜中的现在面貌。

§

如果说康熙和雍正的时代见证了"镜"与"屏"的结合，乾隆的时代则发展出"镜像"和"绘画"之间更复杂的视觉关系。本节的讨论显示出"画"与"镜"的多种平行和互动，包括乾隆初年将养心殿中的玻璃镜置换成通景画，盛年在三希堂里把通景画和满墙大镜成对组装，晚年面对自己画像兴叹"入室皤然者，不知此是谁"；以及这种看画观感与其对镜写照——"匡床坐对寂万缘，我方与我周旋久"——的相互呼应。

这种"画"与"镜"的观念联系也为理解乾隆的其他一些艺术计划提供了新的思路。这些计划之一产生了被称作《是一是二图》的一组作品，故宫博物院收藏有此画的四幅变体，说明乾隆对它的高度重视。图 2.15 和 2.16 是其中的两幅，虽然大小完全一样（均高 76.5 厘米，宽 147.2 厘米），构图也非常接近，但人像绘画风格说明它们出于不同画家之手。图 2.15 明显具有欧洲肖像画的意趣——人物面部清峻，骨骼和肌肉的表现非常准确，精微的晕染造成令人信服的立体感，可以确定是出于郎世宁的手笔。图 2.16 则具有明显中国风格，基本不以明暗色调表现三维形状，人物面部也按照中国人的欣赏习惯描绘的更加圆润富态。

我在《重屏：中国绘画中的媒材与再现》中谈过这些变体都基于乾隆收藏的一幅宋代册页（图 2.17）。这张小画如此吸引了乾隆，是因为它有一个美术史上独一无二的"双像"构图：画中的士人两次出现，一次坐在榻上接受童仆的服侍，另一次出现在一幅画像中，挂在背屏前面。清宫仿制的《是一是二图》表面上与此画非常相像：乾隆坐在士人的同一位置，以同样方式拿着一张纸，身后同样是一架山水屏风，屏风上也挂着他的肖像。但如果仔细比较的话便会发

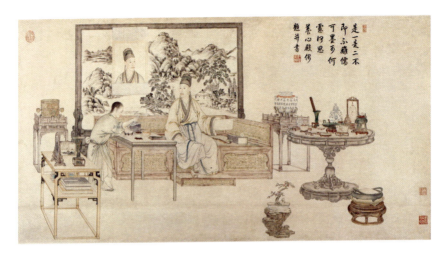

图 2.15　郎世宁，《是一是二图》。18 世纪，故宫博物院藏

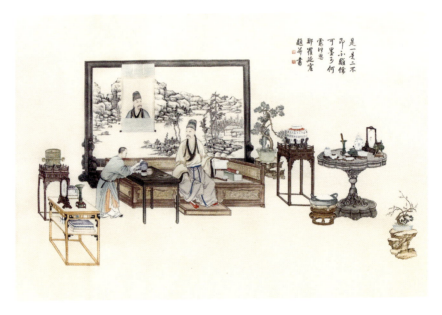

图 2.16　金廷标（？），《是一是二图》。18 世纪，故宫博物院藏

图 2.17　佚名，《是一是二图》。传宋代，台北故宫博物院

现仿作中有许多变化，都与乾隆个人有关。如原画中的家具和摆设都被置换成乾隆欣赏的物件，包括他收藏的商代铜瓿、新莽嘉量、宋代瓷器、明代铜炉以及欧洲风格的圆桌。原画中的屏风上绘着一幅郊野风景，新画中的屏风则展示着乾隆推崇的"四王"风格山水。

《重屏》的讨论集中于清宫《是一是二图》的政治含义——乾隆在题诗中把自己的双像说成是"儒可墨可"，因而赋予自己超越历史上任何哲学学派和政治传统的至高地位。[13] 此处我希望强调的是原来没有谈过的另一个方面，即这些仿作反映出的乾隆对于"镜像"的兴趣和追求。"镜像"在《是一是二图》中有两层含义，首先是画中双像的关系。仔细观察宋代的原作，虽然坐在榻上的士人和挂轴中的士人穿着同样的衣服、戴着同样的冠帽、长着相同的胡须，但是他们面容和表情截然不同：一者面庞浑圆、表情和善，一者剑眉斜耸、眼光凌厉（图2.18）。同处一画之中，这两副面容造成一种张力，似乎画像中的士人正在审视着自己在现实中的原型，而后者却浑然不觉上方投下的视线。[14] 这种张力在《是一是二图》中完全消失了，取而代之的是两副全然对称的面孔。重审上面所举的两个例子，可以看到虽然它们的画风有别、画家不同，但每幅画中的两个面容都有着相同的容貌和表情，因其相反方向而造成对称"镜像"的感觉（图2.19，2.20）。这幅画的

---

13 巫鸿，《重屏：中国绘画中的媒材与再现》，上海：上海人民出版社，2017年，第237—240页。

14 这两个面容的区别如此明显，使我们感到有必要检验传统的看法，即画中的两个人像表现的是同一士人。但这个题目需要专门研究，在此只是提出来请读者留意。

图 2.18（a、b） 佚名,《是一是二图》局部

图 2.19（a、b） 郎世宁,《是一是二图》局部

图 2.20（a、b） 金廷标（？）,《是一是二图》局部

四个版本在这方面完全统一，肯定是出于旨意而非画家自己的决定。乾隆在每张画上的题诗都以"是一是二，不即不离"两句开始，明确点出画中的双像作为镜像的含义。

"镜像"在《是一是二图》中的第二层含义关系到画中双像与现实中观者的联系。从这个角度看，虽然这些清代仿作对宋代母本做了许多细节上的改动，但是二者最大的不同在于前者的"实名化"：这些仿作中的人物不再是一个无名士人，而成为乾隆自己——他是这幅画的主顾、拥有者和首要观者。当他传令宫廷画师一遍又一遍重复这个构图的时候，他是在无休止地创造自己的一对对镜像；当他收到和观看一幅又一幅草图和成品的时候，他是在无休止地观看自己的镜像。更有甚者，他会突发奇想地参与艺术创作过程：四幅《是一是二图》中的一幅在人物形象和陈设上与图2.16十分相像，但乾隆身后的屏风上却出现了一棵画风朴拙的开花梅树，从屏上的题跋和印章可知是乾隆自己于1780年创作的"画中画"（图2.21）。因此当乾隆观看这幅《是一是二图》的时候，他面对的不但是他的一对镜像，而且还有自己的墨迹和印章。

乾隆策划的另一项与"镜"和"画"有关的艺术计划——也是本节的最后一个例子——关系到他为自己退位后颐养天年而修建的倦勤斋。这个宫殿位于紫禁城东北角的宁寿宫花园北端（图2.22）。访问者在进入之前已感到它的独特之处：殿堂的琉璃瓦顶不是黄色的，而是如同天空的湛蓝（图2.23）。但让访问者出乎意料的是，进门后的感觉却十分拥挤而封闭，三面的木结构被分为两层进而隔成

图 2.21　乾隆与金廷标（？），《是一是二图》。18 世纪，故宫博物院藏

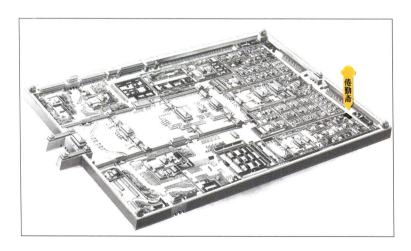

图 2.22　倦勤斋在紫禁城中的位置

图 2.23　倦勤斋外景

小间。下层中部留给乾隆的宝座，两边则是雕花隔扇封起来的层层门户，暗藏着通向东西两翼的弯曲通道（图 2.24）。[15] 如果沿着暗道右行，访客最后将到达东端的书房，南窗下长榻旁的墙上镶着一面大玻璃镜，与三希堂的设计类似（见图 2.13）。如果访客沿密道左行，他就会经过一系列隔间，最后进入乾隆的寝室（图 2.25，见图

15　关于倦勤斋的内部结构，见王时伟编，《倦勤斋研究与保护》，北京：紫禁城出版社，2010 年。Nancy Berliner, ed., *Juanqinzhai in the Qianlong Garden, The Forbidden City, Beijing*, London : World Monuments Fund/Scala, 2008.

图 2.24　倦勤斋入门内景

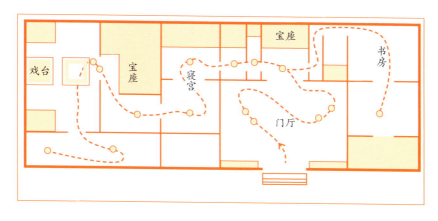

图 2.25　倦勤斋中行走路线

1.12）。寝室中除一张大床之外只有并排镶在墙上的两架"半出腿"镜屏（图2.26a）。当访客以为这就是旅行终点的时候，他却被告知了一个秘密：这两架长相完全相同的镜屏之一实际上是道暗门，有机关可以开启（图2.26b，c）。[16]

当访客终于找到这个"镜门"的机关并将其打开，他便进入了一个幽暗空间（图2.26d，微弱光线从窗格投入，指示通向右方的走道。前行几步，眼前景象豁然开朗——他发现自己到达了乾隆的宝座，面对的则是一个高大厅堂。厅堂中心是个小型戏台，周围的通景画以强烈的幻视效果将砖墙转化为通向室外的开放空间（图2.27）。天花板上绘着一个巨大的藤萝架，浓重的阴影造成紫藤花突出的立体感，仿佛一朵朵从藤架垂下。北墙上画着一带竹篱，圆形月亮门后面展开宽阔的宫苑，以西洋"线法画"现出渐远渐小的尺度。高度写实的丹顶鹤在生着奇花异草的庭院中漫步，远景中是蓝天下的层层山峦（图2.28）。

读过《清宫造办处档案》的人都了解乾隆对各种宫廷建设计划的深度参与，事无巨细都有自己的看法和主张，通过造办处工程人员和艺术家之手加以实现。倦勤斋的镜门和剧场的结合在中国历史上从所未见，这肯定出于他的创意，目的在于制造出一个"穿过镜

16　袁书菲（Sophie Vopp）对乾隆时期宫廷建筑中的"真假门"做了很有意思的讨论。见《17世纪意大利布景设计与乾隆室内戏台的通景画》，载朱万曙，商伟，章宏伟主编，《清代戏曲与宫廷文化》，南京：南京大学出版社，2018年，第245—280页。

a

b

c

d

图 2.26　倦勤斋中的镜屏暗门。部分图片取自北京卫视《上新了故宫·倦勤斋》

（a）两架"半出腿"镜屏；　（b）打开镜屏暗门；

（c）镜屏暗门打开；　　　　（d）从镜屏后看到剧场空间。

图 2.27　倦勤斋中戏台和四周的通景壁画

图 2.28　倦勤斋中戏台部分北墙上的通景壁画

子"的奇幻经验。这使我们又一次想起《红楼梦》对怡红院中穿衣镜的几次描述——从贾政和刘姥姥"转过"镜子发现镜后的景象，到贾宝玉通过镜像进入甄宝玉的平行世界。

再联系到大镜在世界范围内引起的文学和艺术的想象，倦勤斋中的镜门也让我们想起英国作家刘易斯·卡罗尔（Lewis Carroll，1832—1898 年）的《爱丽丝镜中奇遇记》，其中女孩爱丽丝如隐身人一般穿过玻璃镜子，在镜屋的天地里遇见种种不可思议的人物和事件，最后竟变成王后。这部小说发表于维多利亚时代的 1871 年，当时摄影术刚开始在欧洲流行不久，卡罗尔本人也是一个摄影爱好者和收藏家。与此同时，独立穿衣镜也开始流行于欧洲并被新兴的摄影术使用。大镜与这种新型视觉技术的结合和随后的全球流传，将是本书下编的内容。

下编　媒材与主体

第三章

从欧洲到全球：
穿衣镜摄影模式的流通

整个 18 世纪，镜屏成了中国皇宫和达官贵人府邸里的重要摆设，但在欧洲，墙壁上和壁炉上方的挂镜却仍是使用大镜的主要方式（见图 1.4，1.5）。当玻璃镜本身成为更为普及的商品，设计繁复、雕刻精美的镜框遂成为指示风尚和趣味的标志，不但被有钱人追求，也造就了一批批著名的镜框设计师和刻工。

欧洲镜子的下一个重大变化，因此是独立穿衣镜在 18 世纪末期的出现和之后的流行。它大约两米来高，和欧洲人熟悉的屏风相似，但以镜面取代了饰板和织物，因而在开始时被称为 "glass screen"，译成中文恰好是"镜屏"。一个在 1787 年去巴黎游览的观光客惊讶地看到这一"令人愉悦的发明"并在游记中写下观感。[1] 如果他的惊

1　A. Young, *Voyage en France* (1787)，引自 Sabine Melchior-Bonnet, *The Mirror: A History*, p. 85。

讶说明穿衣镜才刚刚被发明不久，这种物件不到几年就获得了巨大的成功，至 18 世纪末期已在"许多起居室里被给予荣誉位置，并成为一个时代的象征"。[2] 它的设计也进而经历了若干发展阶段：镜面被设计成长方或椭圆等不同形状，有时在两边加以侧翼以反射立体映像。特别是 1810 年左右出现的一项新设计，使照镜者可以以镜身中部为轴调节镜面角度，因此能够更加灵活机动地映射全身的形象。最后，到了 19 世纪 20 和 30 年代，穿衣镜已经成了欧洲中上层家庭中不可或缺的理容设备。

镜史研究者一般认为这种新式立镜的出现是一个独立的欧洲现象，一方面源于置于台面上的梳妆镜，一方面从遮挡壁炉的矮屏获得灵感。从来没有人想过或建议过，已经发明和发展了一世纪之久的中国镜屏是否对欧洲穿衣镜的产生起到过影响。但是如果我们考虑一下当时中西交流的频繁和欧洲人对于东方文化的兴趣，这种影响应该完全是可能的。当然，我们需要发现更多的材料来证明这一设论，笔者因此希望引起学者们对这个问题的兴趣，在今后的研究中注意欧洲穿衣镜与中国镜屏之间的可能关系。但对本书来说，我们将离开这个话题，在随后的下编中转而聚焦于 19 世纪发生的一个波及面更为广大的全球现象，即当摄影术在 19 世纪上叶被发明之后，穿衣镜在摄影中的运用以及对全球化的图像流布所带来的影响。

摄影史研究中的一个永恒问题是这门技术的起点：是 1816、

2　Sabine Melchior-Bonnet, *The Mirror: A History*, p. 85.

1826 还是 1839？是尼埃普斯、达盖尔还是塔尔博特？争执的焦点往往是技术性的——发明家的实验是否留下了实际作品？摄取的影像是否能够被固定和复制？拍摄的技术是否被权威机构认可并向公众宣布？但是如果暂时离开这些细节上的分歧，所有摄影史研究者都会同意这项发明在人类历史上的划时代意义，因为它首次使用机械而非以人手记录下世界的影像。Photography——"摄影"——一词由希腊语 φῶς（phos）和 γραφι（graphis）合成，前者的意思是"光线"，后者是"绘图"，摄影因此是"以光绘图"的技术和艺术。

　　有意思的是，当欧洲发明家们从 19 世纪初期开始不约而同地探寻如何把光线承载的影像固定在物质平面上的时候，这也恰恰是独立穿衣镜在社会上普及之时。虽然二者不一定有直接的关系，但其类同之处也相当值得玩味：摄影和穿衣镜都反映了人们对于光、镜和影像日益增长的兴趣，也都以新式设备（apparatus）捕捉光线承载的影像。目前存世的最早摄影作品是法国人约瑟夫·尼塞福尔·尼埃普斯（Joseph Nicéphore Nièpce，1765—1833 年）拍摄的《窗外风景》，收藏于美国得克萨斯大学奥斯汀分校的哈里·兰瑟姆中心（The Harry Ransom Center）（图 3.1）。这是一块 20 厘米宽、16.5 厘米高的锡板，略微反光的表面上隐约显现出天空和屋顶的影像。那是 1826 年夏季的一个上午，尼埃普斯把这块涂抹了药物的锡板放到自制的暗箱相机内，朝着工作室窗外的鸽子窝开始曝光。八小时之后他关闭了镜头，把锡板上的药物冲洗干净，得到了这张人类历史上最早存世的照片。

　　在一种意义上，尼埃普斯的锡板也是一面镜子，在物质平面

图 3.1　约瑟夫·尼塞福尔·尼埃普斯，《窗外风景》。1826 年

上映射出对面的景物。不同的是它借助药物把这个影像"吸收"和固定，从而成为可以离开自然景观的独立图像。由此我们完全可以理解早期摄影师对镜子的兴趣。在法国摄影家克劳德（Antoine François Jean Claudet，1797—1867 年）于 1850 年拍摄的《地理学课》立体相片中，房间里除了摆拍的人物之外只有悬挂在墙上的一面镜子，从照相机的对面映射出人物的背影（图 3.2）。如果说克劳德使用的还是一个镶在厚重边框中的小型壁镜，高大的穿衣镜不久就进入了摄影工作室和影楼。图 3.3 中的照片显示出一种新的肖像模式：人物的方向被反转，面对立镜而非相机，我们在镜中看到她的面容和身体正面。在那个时期出产的另一幅立体照片里，一个化妆完毕、正准备出门的上层女子坐在一架大型穿衣镜前，用手调整镜

图 3.2 克劳德，《地理学课》。黑白摄影，1850 年

图 3.3　皮尔森（Pierre-Louis Pierson），《赛姬》。黑白摄影，1860 年代，大都会艺术博物馆藏

面角度以便看清自己的面孔和胸部。她从镜中也会看到身后的丈夫或情人，正在卖力地为她拉紧胸衣背后的带子（图 3.4）。这两幅作品，以及影楼制作的带有色情意味的穿衣镜前的裸女像（图 3.5），都在 1850—1860 年之间如雨后春笋般出现。如果说它们宣告了摄影中"穿衣镜模式"的开始，那么这个模式在几年之后随即产生出第一批被认为是"艺术图像"的作品，其最优秀的一批例证见于英国业余摄影家克莱门蒂娜·哈瓦登夫人（Lady Clementina Hawarden，1822—1865 年）的遗作。

图 3.4　不知名摄影家，《在镜前给女士系紧胸衣》。黑白立体摄影，1850—1860 年代

图 3.5　费利克斯-雅克·慕林（Félix-Jacques Moulin），《穿衣镜前的裸女》。上色黑白摄影，1851—1852 年，盖蒂美术馆藏

克莱门蒂娜夫人的女儿们

伦敦的维多利亚和阿尔伯特博物馆在 1939 年获得了一批不同寻常的捐赠，所收到的七百余幅照片均出自一位不见经传的 19 世纪女摄影师之手。这些照片因为从相册中揭下而出现了令人遗憾的卷曲和破裂。但是它们的影像是如此生动含蓄，使得博物馆策展人欣然接受。捐献者是摄影师的孙女，她把传到她手里的这批照片献给维多利亚和阿尔伯特博物馆，是因为她刚在那里看了一个使她非常感动的纪念摄影术发明一百周年的展览，她想这批照片也许会给研究摄影的早期历史增加一些材料。在随后的半个世纪中，这份资料躺在博物馆的库房里无人触动，直到维吉尼亚·多迪尔女士（Virginia Dodier）——当时还是伦敦考陶尔德艺术研究所（Courtauld Institute of Art）的一个硕士生——从 1984 年开始对它们进行系统整理。随着研究的深入和由此引出的回顾展和出版物，[3] 一个被历史遗忘的女摄影家重新出现

3 这批照片最早的集中展示是 1989 年在维多利亚和阿尔伯特博物馆举行的《克莱门蒂娜·哈瓦登子爵夫人：摄影师》（*Clementina, Viscountess Hawarden: Photographer*）展，随后巡展到纽约现代美术馆 (The Museum of Modern Art)、洛杉矶盖蒂美术馆 (J. Paul Getty Museum) 与巴黎的奥赛博物馆（*Musée d'Orsay*）。重要出版物包括：*Domestic Idylls*，Malibu, CA: The J. Paul Getty Museum, 1990; *Clementina, Lady Hawarden: Studies From Life 1857-1864*，New York: Aperture Foundation, 1999。最近的一本有关哈瓦登夫人的专书是 Carol Mavor 的 *Becoming: The Photographs pf Clementina, Viscountess Hawarden*，Durham: Duke University Press, 1999。作者从"色情"（eroticism）角度分析哈瓦登夫人的摄影作品，因此和此处讨论的关系不大。

图 3.6　伊登·厄普顿·埃迪斯
（Eden Upton Eddis），《克莱门蒂
娜夫人肖像》，1851 年

在人们面前，以其作品的心理敏感打动无数观者的心弦。

　　她于 1822 年出生在英国的格拉斯科城，闺名是克莱门蒂娜·埃尔芬斯通·佛莱明（Clementina Elphinstone Fleeming）（图 3.6）。从军的父亲出身于苏格兰贵族世家，她和姐妹们在格拉斯科城郊的家庭庄园中长大，随着那个时代的风尚接受了艺术、音乐、语言、诗歌和家务的训练。去罗马的一次长途旅行给十九岁的克莱门蒂娜留下了终身印象，特别是意大利的风景和古典绘画，将会在她的摄影中不断发生回响。她二十三岁结婚，丈夫是一个可观家产的继承人。虽然公婆希望儿子找到更加门当户对的妻子，小两口的爱情终于克服了这种偏见，建立了一个迅速扩大的稳固家庭。

婚后一年克莱门蒂娜生了第一个女儿——伊莎贝拉·格蕾丝(Isabella Grace)，再下一年是跟随她名字的克莱门蒂娜，两年之后是佛洛伦斯·伊丽莎白（Florence Elizabeth）……到四十二岁前——即她因病去世的那年——她已经生了十个孩子，其中两个夭折。孩子成了她生活的中心，这个快速增大的家庭在伦敦住了十二年，然后于1856年搬到了爱尔兰邓德拉姆（Dundrum）的庄园——她的丈夫在那一年继承了这个产业和哈瓦登子爵的名号，克莱门蒂娜于是也成了哈瓦登夫人。也就是从那时起她开始拍照。研究者猜测她对摄影的兴趣肯定在更早时候就已开始，甚至可能在伦敦得到过一些业余摄影师的指教，但只是在此时才有了足够的物力和人力——孩子们肯定需要人照顾——来发展这项爱好。

　　这个时间点在摄影史上也颇有意义：经过初期的摸索之后，摄影术从1850年代开始进入较为成熟和标准化的阶段。特别是火棉胶摄影法（wet collodion method，也称湿版摄影法）的发明被认为是摄影术产生后的一项重大技术突破。这种摄影法在涂有感光火棉胶的玻璃板上制作负片，然后在涂有蛋清感光材料的相纸上显影。它带来的一个进步是曝光时间的缩短——拍风景现在需要10秒至1分钟，拍人像缩短到2—20秒。另一个同等重要的进步是影像质量的提高和复制性的增强：玻璃底板上的画面更加清晰，层次更加丰富；使用蛋清相纸可以印出无限量的永久性照片。当哈瓦登夫人开始从事摄影，她使用的一直是这种摄影方法。

　　除了技术上的进步，1850年代对于摄影风格的发展也有着重要意义。正如多迪尔女士指出的，在此之前的实验性摄影家一般把摄影作为一种新的科学技术看待，专注在这方面进行探索。[4] 但 1850 年代以后出现的新一代摄影师对这种纯科学态度不再满足，转而追求大众能够欣赏的画意趣味，包括田野风光和秀丽的海岸，以及静物摆设和人物肖像。哈瓦登夫人的作品从一开始就更为偏重于视觉性和艺术性，火棉胶摄影法也给予她更大的自由，在技术容许的范围内尽量传达自然发生的随意状态。

在她短短的艺术生涯里——她从开始拍照到去世不过七年——她的摄影在题材和风格上发生过一个重大变化，与从爱尔兰庄园搬回伦敦的时间（1859 年）正相吻合。她在此之前拍摄的爱尔兰照片多取材于周围风景，以及室外阳光下的村民生活。但回到伦敦，住进南肯辛顿区（South Kensington）的一座新建洋房之后，她把镜头毅然地转向了内部空间（interior space）——不仅拍摄地点均在建筑内部，而且摄影的目的也从记录生活景象转为发掘人物内心的感情和思绪。她的拍摄对象都是女性，两个大女儿更是反复出现在镜头前面。这些年轻女子表情含蓄，略带忧郁，有时在沉默中读书和写信，有时凝望着窗外的虚空或镜中的自己。这些照片无疑反映了维多利亚时期文学艺术对女性内心的强调，但其复杂而细腻的心理描绘远远超出了一般的商业照片，使哈瓦登夫人成为当时艺术摄影的一个代表人物。

---

4 Virginia Dodier, *Clementina, Lady Hawarden: Studies From Life 1857-1864*. Denville, NJ.: Aperture, 1999, p. 21.

图 3.7　伦敦摄影协会 1858 年度摄影展览

　　移家伦敦后的第四年，她于 1863 年首次参加了伦敦摄影协会（Photographic Society of London）——后改名为皇家摄影协会（Royal Photographic Society）——的年展并获得"业余摄影师最佳贡献"银奖（图 3.7），也被该协会选为它的第一个女性成员。翌年她再次参加摄影协会年展并获得"构图"银奖。她于 1865 年因病去世，时年四十二岁。

§

　　从哈瓦登夫人伦敦时期的照片中，我们知道她在南肯辛顿的家里有不止一架落地穿衣镜。其中一架和她本人差不多高，弧形上缘宽 1 米以上。镜框朴素无华，只在两旁的立柱顶上饰有小型花蕾。在一张少见的自摄像中，哈瓦登夫人站在这架镜子旁边，依扶边框的姿态显示出她和这件物件的亲密（图 3.8）。[5] 穿着白色长裙的她身朝大镜，但回过头注视着照片外的观者。这个"观者"实际上是她的立式相机，在大镜中映射出来。这幅意味深长的照片所表现的因此是三个主体之间的共生关系（symbiotic relationship）：穿衣镜的用途本是化妆观容，但映出的却是摄影师的相机；相机的拍摄对象本是摄影师，但捕捉到的却是她与镜子的"双像"以及镜中的相机自身；摄影师希望在自摄像中包括相机因此使用了穿衣镜，但也由此透露出自己与镜子的亲密关系。

　　同一架穿衣镜也被用来拍摄她的女儿伊莎贝拉和克莱门蒂娜。在伊莎贝拉的一幅肖像中（图 3.9），她穿着一袭宽大长裙，其颜色、样式以至裙摆上的花边都和前幅照片中哈瓦登夫人的长裙一模一样，明显是相同的一件（见图 3.8）——母女在照片中的"换装"透露出二人不同寻常的关系。和母亲一样，伊莎贝拉也站在穿衣镜前；但与母

5　不排除照片中的女子是摄影家的姐姐安妮，但多迪尔认为从身形来看应该确是摄影家本人。在笔者看来，照片本身显示的人物和相机的关系也支持这个结论。

图 3.8　哈瓦登夫人自摄像。1862—1863 年，维多利亚和阿尔伯特博物馆藏

亲不同的是她背对着照相机和观者，我们看到的是她的背影和小溪般披下的卷发，被身后的落地窗凸现出来。同样有别于哈瓦登夫人自摄像，穿衣镜在这里所映射的不再是相机，而是伊莎贝拉的年轻脸庞：她稍稍侧着头，用左手撩起长发，似乎对镜中的自己静默地发问。

　　正如上文提到的一些例子所显示的，在 19 世纪中期的欧洲，"穿衣镜前的女子"已经成为一种流行摄影样式（见图 3.3—3.5）。但

图 3.9　哈瓦登夫人，《窗前的伊莎贝拉》。1862—1863
年，维多利亚和阿尔伯特博物馆藏

哈瓦登夫人给予镜子更加深刻的功能——与其是纯粹显示发型、服
饰和身体，此处的穿衣镜被用来揭示女性主体的内省状态。在这个
意义上，她的摄影与当时的一些著名文学和绘画作品见证了同一潮
流，甚至有着极为具体的联系。例如当时旅居伦敦的美国画家詹姆
斯·惠斯勒（James McNeill Whistler，1834—1903 年）于 1865 年创
作的《白衣姑娘》，几乎是哈瓦登夫人镜像摄影的翻版（图 3.10）。

图 3.10　詹姆斯·惠斯勒，《白色交响乐第二号：白衣姑娘》。油画，1865 年，泰特美术馆藏

上章结束时提到的《爱丽丝镜中奇遇记》的作者英国作家卡罗尔，实际上是哈瓦登夫人摄影作品的一个爱好者，他收藏的照片就包括了上面分析的伊莎贝拉的肖像（见图 3.9）。这张照片拍摄于 1862—1863 年，《爱丽丝镜中奇遇记》出版于 1871 年。在该书第一章中，爱丽丝对她的猫咪说："现在，只要好好听着，别说那么多的话，我

就告诉你，我所有关于镜子房间的想法。首先，你看这就是从镜子里
能看到的房间——它跟咱们的屋子一模一样，只不过一切都翻了个个
儿。当我爬上椅子就能看到镜子里的整个房间——除了壁炉后面的那
一点儿地方。啊，我多么希望看到这一点儿地方……"（图 3.11）我们
完全可以想象，这些话是从照片中伊莎贝拉的口中说出来的。

如果说卡罗尔和惠斯勒可能从哈瓦登夫人的镜像作品中取得了
灵感，那么哈瓦登夫人本人则可能受到同时或早一些英国文学的影
响。文学史家希瑟·布润克-罗比（Heather Brink-Roby）曾撰文讨
论穿衣镜在当时英国文学中的作用，所举的最重要的一部作品是威

图 3.11　爱丽丝穿越镜子。刘易斯·卡罗尔《爱丽丝镜中奇遇记》第一版插图，
1872 年，约翰·坦尼尔（John Tenniel）绘

廉·梅克比斯·萨克雷（William Makepeace Thackeray，1811—1863年）的《名利场》（*Vanity Fair*）。[6] 在这部于 1847 年首版后造成轰动的小说中，萨克雷多次使用镜子揭示人物的内心活动。对此布润克-罗比总结道："虽然我们常把镜子和现实主义摹写物质现实（即眼睛能够看到的世界）的意愿联系起来，以表现现实中的实在细节，但在萨克雷的笔下它们却被用来铭记意识层次的无形活动。"[7]

这个说法完全可以被用来解说哈瓦登夫人的镜像作品。在她的另一幅这类作品中，二女儿克莱门蒂娜取代了伊莎贝拉，站在同一场景中的同一架穿衣镜前（图 3.12）。但她不在观看镜中的自己，而是把头侧倚在镜框的立柱上，出神的眼睛透露出飘浮的遐想。我们不知道她在想什么，但对于 19 世纪 60 年代的观者来说，她裸露的肩颈和镜旁挂着的外衣或披巾很可能会引起"少女怀春"的想象。但是更重要的是，这张照片印证了哈瓦登夫人经常使用的一个手法：她把观者的目光引向两个紧密联系但又不完全相同的主体，一是镜前的人物，一是她与镜像的并存。当专注于镜前人物时，我们欣赏她的秀丽面颊和充满活力的年轻身躯；而当注视的焦点包括了镜中映像的时候，我们更希望发现心理活动的痕迹——镜前女孩与镜中自己的沉默交流。

这类镜像在哈瓦登夫人的作品中有很多变体，所反映的情绪和感

6　Heather Brink-Roby，"Psyche: Mirror and Mind in Vanity Fair，"*ELH* 80.1 (Spring 2013), pp. 125-147.

7　Ibid.，p.126.

图 3.12　哈瓦登夫人，《倚镜的克莱门蒂娜》。1862—1863 年，维多利亚和阿尔伯特博物馆藏

图 3.13　哈瓦登夫人，《对镜的克莱门蒂娜》。1863—1864 年，维多利亚和阿尔伯特博物馆藏

觉也不断发生微妙的变化。有时相机向前推进，只露出上半身的人物和镜像被置于更直接的对峙之中（图 3.13）；有时镜像出现为黝黑的剪影，突出了镜前女子高光之下的肩头（图 3.14）。但除了这些穿衣镜肖像之外，"镜像"的概念对于哈瓦登夫人来说还有一层更深的含义——当它们从图像的内容转化为图像的结构。如图 3.15 所示，照片中的两个年轻女性——伊莎贝拉和克莱门蒂娜——近距离地相互凝视，环绕在彼此腰部和肩上的手臂把她们拉得不能再近。这里没有镜

图 3.14　哈瓦登夫人,《背影的克莱门蒂娜》。1861—1862 年,维多利亚和阿尔伯特博物馆藏

图 3.15　哈瓦登夫人,《伊莎贝拉与克莱门蒂娜》。1862—1863 年,维多利亚和阿尔伯特博物馆藏

子,但是图像的自身结构使人物变成彼此的镜像。图 3.16 是哈瓦登夫人辞世那年拍摄的作品,其中的两人仍是伊莎贝拉和克莱门蒂娜——她们已经成长为年轻妇人。伊莎贝拉穿着时尚长裙,背向观者因而把头上的饰物直接呈现在我们面前;克莱门蒂娜则是一身黑色骑装,眼光向上凝视着姐姐的面庞。"镜像"的概念在这里变得更为复杂:立在二人之间的玻璃门仿佛是一面透明的镜子,提供了两个形象中途相遇的平面。

图 3.16　哈瓦登夫人,《伊莎贝拉与克莱门蒂娜》。1864 年，维多利亚和阿尔伯特博物馆藏

新奥尔良的白奴女孩

　　穿衣镜肖像出现于 19 世纪 50—60 年代的欧洲摄影之后，这种新颖的摄影模式迅速被商业化，也被世界其他城市中刚出现的影楼采纳，一方面用以招徕顾客，一方面和各地的特殊历史环境结合，产生不同的政治和社会作用。可以想见，这个模式首先到达的地点是大西洋彼岸的美国，那里出现了世界上最早的以拍照肖像为主的商业影楼，同时也正经历着废除奴隶制的南北战争。图 3.17 和 3.18

a

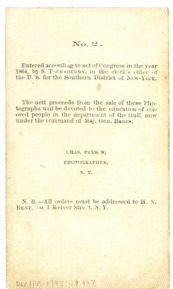

b

图 3.17（a，b）　查尔斯·帕克森（Charles Paxson），《站在穿衣镜前的丽贝卡》。黑白卡片照，1863—1864 年

图 3.18　查尔斯·帕克森，《坐在穿衣镜前的丽贝卡》。黑白卡片照，
1863—1864 年

是美国出品的最早穿衣镜肖像中的两例。它们是称为 Carte de Visite （CDV）的"卡片照"，只有手掌大小。照片的内容也很平常：一个装束整齐的漂亮女孩在一架落地镜旁或站或坐，镜中映出她的面部侧面。两张照片之一背景空白，另一幅增加了舞台布景般的壁炉和常春藤，把影楼布置成一个中产阶级家庭的起居室。

如果只看这两张照片的图像，人们很可能会把它们当作一般的家庭照片而加以忽视。但如果观者注意到图像下面印刷的铅字的话，照片的意义就会产生一个 180 度的转变。两幅照片下面都以花体大字标记了女孩的名字："丽贝卡"，下面的小字则写着："新奥尔良来的女孩奴隶"。谁是丽贝卡？为什么她是个女孩奴隶？一个奴隶如何能够打扮得如此体面，在模仿中产阶级客厅的影楼中被拍照，而且使用了当时最时髦的穿衣镜作为道具？这些问题引导我们去探寻照片的历史上下文，发现它们和美国历史上一场重要政治运动的复杂联系。

§

搜集证据的过程仍需要从照片本身开始，除了刚刚提到的正面图像和文字说明之外，照片的背面也提供了重要的线索（图 3.17b）。背面上的印制文字包括四个部分：最顶上是照片的序号和发行的法律担保，然后是销售照片所得资金的用途，随后是摄影师的名字和地址，最后是如何定购这张照片。

通过这些文字，我们知道这张照片是 1864 年经由纽约地方法院批准发行的，摄影师的名字是查尔斯·帕克森（经调查，我们知道和他一起拍摄这个照片系列的还有一个叫金博尔 [Myron H. Kimbal] 的照相师，影楼的地址是纽约百老汇 477 号）。对这张照片的订购必须通过代理人 H. N. 本特（H. N. Bent），地址为纽约默瑟尔大街 1 号。

　　背后文字提供的最重要信息关系到出售照片所得资金的用途，为了解这一系列照片的性质提供了确切证据："销售这些照片所得的全部收益将被无保留地贡献给海湾部对有色人种的教育，该部现由班克斯少将指挥。"班克斯少将的身份和海湾部的职能于是成了理解这段文字的一个关键。查阅美国南北战争时期（1861—1865 年）的历史，我们发现班克斯少将全名为纳撒内尔·P. 班克斯（Nathaniel P. Banks），是战争中的一个重要军事领导和政治家，属于倡导黑奴解放的北方联邦。1862—1864 年间他主持设在新奥尔良的海湾部，使命是收复奴隶主控制下的南方地区并在那里建立新的行政机构。照片上的这段文字显示他属下的海湾部设立了一个专门为解放奴隶提供教育的部门，这些照片是为这个目的服务的。

　　与这些照片的发行时间大约同时，纽约的流行刊物《哈珀周刊》(Happer's Weekly) 于 1864 年 1 月 30 日发表了其中一幅的复制版画——当时还没有在报刊上直接印制照片的技术。这是一幅八人集体照，前排站着五个孩子，后排是三个大人（图 3.19）。靠近底边的说明词为："解放了的奴隶，白色和有色的——孩子们来自班克斯少将指挥部在新奥尔良建立的学校。"每个肖像下面写着名字，在右手第

图 3.19　查尔斯·帕克森,《解放了的奴隶》。照片复制版画, 载《哈珀周刊》, 1864 年 1 月 30 日

三人下方我们读到丽贝卡的全名:丽贝卡·胡哥(Rebecca Huger)。

　　配合着这张图片,《哈珀周刊》在同一期中刊登了一封给杂志编辑的信,起首处写道:"我寄给您的这组自由奴隶的肖像是由汉克斯上校和菲利普·贝肯先生提供的。这些奴隶在新奥尔良被巴特勒将军解放。贝肯先生和我们的军队一起去到新奥尔良,在十八个月份中担任了班克斯将军手下的自由人管理局[8]副主任。他在路易斯安那

8　原文中的"自由人"(Freemen)应为"自由人管理局"(Freedmen's Bureau)的简称。

为获得自由的奴隶建立了第一所学校，照片中的这些孩子来自他的学生。他很快就会回到路易斯安那去继续他的工作。"写信人随后提供了照片中每个人的简历，名列首位的就是丽贝卡：

> 十一岁的丽贝卡·胡哥是她父亲家里的一个奴隶，是比她只年长一点的一个女孩的特别侍从。从所有方面看她完全是个白种人。她的肤色、头发和其他特征没有丝毫黑人血统的踪迹。在她进入学校后的几个月里，她已经学会阅读，她的字迹也和与她年龄相近的大部分孩子的写作一样整齐。她的母亲和祖母都住在新奥尔良，以她们的劳动充分地支持自己。她的姥姥，一个聪慧的黑白混血，告诉贝肯先生说她"养育"了一大家的孩子，但给她留下的就是这些了。

根据这份简历，虽然十一岁的丽贝卡长得完全像是个白人孩子，但她实际上是她父亲的奴隶，原因明显是因为她并非是这个称作"父亲"的白种男人的合法女儿，而是他与他所拥有的一个有色女奴生的。而这个女奴，还有她自己的母亲，也已经都是黑白混血，这意味着这三代女性甚至更早，都曾被这个家庭中的白人主子占有过。她们生育的孩子在同一家庭中继续充当奴隶，丽贝卡因此必须服侍她同父异母的白人姐姐。简历中的最后一句话隐含着丽贝卡的姥姥曾经生了许多孩子，但大多都不在了，很可能是被当作商品贩卖给了奴隶贩子。

§

　　这个情形很像美国文学名著《汤姆叔叔的小屋》中的女主角艾莉查。在这本 1852 年出版的小说里，著者比切·斯托夫人（Harriet Beecher Stowe，1811—1896 年）对南方黑奴的悲惨生活做了极其动人的描述和揭露，在美国社会中引起广泛的反响，有力地推动废奴运动的发展。小说开篇描写了一桩奴隶买卖：较为通人情的肯塔基州农场主希尔比因为欠债而将失去田地，不得已决定把几个奴隶卖给奴隶贩子以筹集资金。当他与奴隶贩子会谈这宗交易的时候，女奴艾莉查的儿子哈里跑进屋来，他聪敏机灵的举止引得两个白人大笑不已。

　　　　正在此时，门被轻轻地推开了，一位大约二十五岁的第二代混血女子走了进来。

　　　　这个女子一看就是那孩子的母亲。她的黑眼睛同样地柔和，长长的睫毛，纤细的卷发似波浪般起伏。当她发现一个陌生人如此大胆且毫不掩饰地以一种赞赏的目光盯着她看时，她那棕黄色的面庞上泛起了一朵红晕。她整洁、合体的衣着更加衬托出身段的苗条，她那纤纤细手以及漂亮圆润的脚踝使她的外表更加端庄。奴隶贩子以敏锐的眼睛贪婪地观察着，女黑奴那娇美的身体的主要部分被看得一清二楚，没能逃过奴隶贩子的眼睛。

　　　　"艾莉查，有事吗？"看着她欲言又止的样子，希尔比先生问道。

"对不起，先生，我在找哈里。"孩子看到母亲，便活蹦乱跳地跑到母亲面前，并拿出衣兜中的战利品向母亲炫耀着。

"那你就带他走吧。"希尔比先生说。女奴抱起孩子，匆匆忙忙走了出去。

"老天！真是好货色，"奴隶贩子向希尔比称赞道，"随便你什么时间将这个女人送到奥尔良，都会赚一大笔钱。我见过有个人花一千多块买了一个女奴，但那女奴的姿色可是不能和这个女人相媲美的。"

接下来奴隶贩子提出购买艾莉查，虽然没有达到企图，但说服了希尔比把艾莉查的五岁儿子买给他。艾莉查无意听到这番对话后决定带着儿子逃走，在逃亡途中遇见比她先一步出走的丈夫哈里斯。二人长途跋涉，前往已经废除奴隶制的加拿大，但却被一个追踪逃亡奴隶的"猎奴人"盯上并诱捕。哈里斯被迫枪击猎奴人，但艾莉查说服丈夫将其送到附近的贵格会治疗。一家人最后移居到了加拿大，从那里又经过法国去到利比里亚定居。

艾莉查和丽贝卡的姥姥的经历有不少相同之处：同是黑白混血，她们的孩子也随时面临被贩卖的危险。这种情况在 18 世纪的北美绝不特殊，实际上白人奴隶主对女性奴隶的性剥削是如此频繁，以至成了一种常规现象。根据 1869 年的一项人口普查，新近解放的四百万"自由奴"中的百分之十是混血。[9]这个四十万人的巨大数字主要出现在奴隶制存在最久的南方，他们成为废奴运动的一个重要的对象，也成为文学描写和新闻报道的内容。

除了《汤姆叔叔的小屋》之外，当时的其他一些文学作品，包括报道文学和小说，都以这类混血奴隶为中心人物。后者的一个代表是玛丽·海登·派克（Mary Hayden Pike，1824—1908 年）发表于1854 年的畅销书《艾达·梅：一个现实和可能的故事》（*Ida May: A Story of Things Actual and Possible*）。这本书受到《汤姆叔叔的小屋》的启发，但带有更多的想象成分。小说的主人公艾达出生在宾夕法尼亚州的一个中产阶级家庭，是个百分之百的白人女孩。她被奴隶贩子绑架，染成棕黑色贩卖到南方。残酷的折磨使她失去对过去的记忆，直至五年后她忽然想起以前的一切事情。

与这类小说性的叙事有别，艾伦·克拉夫特（Ellen Craft，1826—1891 年）的《跋涉千里寻自由》（*Running a Thousand Miles for Freedom*，1860）是一部自传体作品。作者在开始处介绍了自己出生于南方的身世——父亲是佐治亚州最富裕的种植园主之一，母亲是他豢养的奴隶和性对象。虽然自己的长相与父亲的合法女儿没有两样，但她被认为是有色人种，在庄园中的身份是奴隶。她在十一岁时被当作可以被转让的财产，随父亲的一个"白女儿"陪嫁到另一庄园，充当后者的奴仆。十年之后她在那里爱上了一个名叫威廉·卡拉夫特

9　此处根据 https://en.wikipedia.org/wiki/White_slave_propaganda 提供的信息。

（William Craft）的木工黑奴，二人决定出走，于1848年底开始了以后使他们变得非常有名的逃亡之旅：化妆成白人主子和黑人仆从，他们乘火车去到北方的费城，在那里得到自由并成为废奴运动的积极支持者。

§

从1852年的《汤姆叔叔的小屋》到1854年的《艾达·梅》再到1860年的《跋涉千里寻自由》，这些作品构成了一个持续的"废奴文学"传统，与不断高涨的政治废奴运动相互促进。放在这个上下文中看，"白奴女孩"丽贝卡和另外七个刚被解放的南方奴隶于1863和1864年被送到纽约和费城巡游和展示，以及为他们制作的照片和宣传品，明显服务于同一政治目的。但这个事件的导演和宣传也反映了当时废奴运动中出现的一个紧迫情况。

从历史上看，美国于1776年正式独立之后，北方各州在1804年前完成了废除奴隶制的进程。国会进而在1807年通过了禁止进口奴隶的法案，翌年开始施行。但是废奴运动在南方却进展不大，造成南北方在国会内势均力敌的对立。当反对蓄奴的呼声在北方不断高涨时，南方却坚持保留奴隶制度，成为导致南北战争的一个重要原因。亚伯拉罕·林肯于1861年3月被选为总统后强力支持废除奴隶制，并在南北战争中发布了《解放黑人奴隶宣言》，生效于1863年1月1日的第二部分宣布脱离南方联邦十州的所有奴隶"现在和今后永远获得自由"，朝着在全国范围内彻底取消奴隶制迈出重要一步。

但就如一些美国历史学者指出的，即使是在废奴运动基地的北方，也还有相当多的人——特别是工人阶层的白人——反对废奴主义和对南方的用兵。其原因既包括种族歧视也包括经济利益：他们不愿拿自己或家人的生命去为解救南方黑奴冒险，也担心获得自由的奴隶会抢走他们的工作。这种心理上和实际上的抵制终于在1863年7月演化成大规模暴力冲突，即"纽约征兵暴动"：以爱尔兰裔工人为主的大群白人聚在一起攻打纽约市的政府征兵场所，破坏黑人拥有的商店，甚至对黑人业主施加暴刑。当暴动在四天后被平息时已有五十栋建筑被焚，两千多人受伤，一百二十多人死去——包括五名被私刑绞死的黑人。政府对暴动的平息并没有消除群众在心理上的抵制：暴乱之后被征兵的七十五万人中只有四万五千人是自愿报名的。[10]

也就是在这个时刻，丽贝卡和她的同伴们被挑选出来，从被解放的新奥尔良送到纽约和费城巡游和展示。从这个活动的时间点看，它明显是废奴主义者为应付时局的挑战而组织的一场宣传活动。但与以往政治宣传不同的是，这个活动使用了新近发展起来的摄影技术和公共媒材，使公众能够目睹这些新近获得自由的南方奴隶，包括一些儿童，从而引起他们的同情心，激起他们对废奴运动的支持。

团队中的八名自由奴隶明显是精心挑选出来的。从《哈珀周刊》

10　David Donald 等, *Civil War and Reconstruction*, New York: Norton, 2001, p. 229。

1864 年 1 月发表的版画复制品看（见图 3.19），八人中包括了四个黑奴和四个"白奴"（white slaves）；一半对一半的比例肯定不是偶然的。隐含在这个选择中的含义，如果用文字表达出来的话，是废奴的目的在于拯救所有沦为奴隶的"人"，既包括黑奴也包括和白人长相相同的"白奴"；奴隶制的罪恶不但是把黑人不当人看，而且也在于它对白人本身的威胁；废奴运动因此不但意在建立种族之间的平等，更重要的是建立广义上的人性平等。正是由于这个基本信念，为这八个人拍摄的若干张照片把这些获得自由的黑奴和"白奴"聚在一起，如同是一个大家庭的成员。《哈珀周刊》复制的那张集体照已是如此（图 3.20），另外两幅照片中的一张显示黑人女子玛丽·约

图 3.20　查尔斯·帕克森，《解放了的奴隶》。黑白照片，1863—1864 年

图 3.21　M.H. 金博尔，《白奴与黑奴》。黑白照片，1863—1864 年

图 3.22　查尔斯·帕克森，《学习就是财富》。黑白照片，1863—1864 年

翰逊（Mary Johnson）——她原来是新奥尔良一个种植园中的黑奴厨子——带领着八岁的黑孩子伊萨克·怀特（Isaac White）和九岁的白皮肤奥古斯塔·包捷（Augusta Boujey）（图 3.21）；另一张表现坐在椅子上的六十岁的前黑奴威尔逊·钦（Wilson Chinn）——他的前额上烙着奴隶主的姓名缩写——被三个白奴孩子环绕，分别是十一岁的丽贝卡、八岁的查尔斯·泰勒（Charles Taylor）和七岁的罗西娜·唐斯（Rosina Downs）（图 3.22）。这第二张照片的下面写着

"学习就是财富"（Learning is wealth），一方面点出照片的主题——每个人手里都拿着一本书，或在阅读或沉思默想；另一方面也在表彰废奴主义的成就——通过解放这些奴隶并提供给他们学习的计划，北方联邦赋予这些曾经是奴隶的大人和孩子以新的生命。

但是在这种普遍人道主义的理念之下，1863—1864年的这个宣传活动仍然带有明显的种族主义色彩，最清晰地反映在对白奴儿童的侧重和对他们的摄影表现。这些孩子占了八个人的一半；而黑奴中只有一个未成年人。在《哈珀周刊》刊登的来信中，这些白孩子的人种特征被反复强调：丽贝卡·胡哥"从所有方面看完全是个白种人。她的肤色、头发和其他特征没有丝毫黑人血统的踪迹"；罗西娜·唐斯是个"不到六岁的漂亮女孩，生着白皙的皮肤和丝质的头发"，"有一个和她一样白的姐妹和三个比较黑的兄弟"；奥古斯塔·包捷的"妈妈几乎和她完全一样白，现在仍被她的同父异母兄弟拥有"；查理斯·泰勒的"肤色非常白皙，生着淡色的丝一样的头发……但这个白男孩告诉我们，他和他的母亲两次被作为奴隶贩卖"。

这些描述的预想读者，很明显是那些对废奴运动不够关心或尚有疑虑的北部白人，包括刚刚发生不久的"纽约征兵暴动"的参与者、同情者和旁观者。它们传递的信息是：你看，这是你的同类，虽然他们现在获得了自由，但还有很多同样的白奴孩子处于南方奴隶主的奴役之下，被当作物件转售甚至被作为泄欲的工具。与文字相比，照片更有力地传递了这一信息，因为它们用视觉形象把这些白奴儿童呈现在读者眼前，使他们亲眼看到这些孩子的"白皙"皮肤和"丝一样"的头发——这些照片让他们联想起自己的孩子，从而激起他们的恻隐之心。

这批照片的创意和设计明显体现出这种宣传意图：除了几幅黑白奴隶的合影之外，白奴儿童被频繁表现为中产阶级家庭子女或模仿北方城市居民的"小大人"。以丽贝卡的其他几幅单人肖像为例，其中一幅把她表现为一个虔诚教徒，正在跪拜祈祷（图3.23）；一幅给她穿上休闲仕女服装，正在影楼中布置出的田野中休憩（图3.24）；一幅中她半跪在星条旗前，双手合在胸前对北方联邦效忠（图3.25）。

图3.23　M. H. 金博尔，《祈祷的丽贝卡》。黑白卡片照，1863—1864年

图3.24　M. H. 金博尔，《郊外的丽贝卡》。黑白卡片照，1863—1864年

"OH! HOW I LOVE THE OLD FLAG."

REBECCA,

A Slave Girl from New Orleans.

图 3.25　查尔斯·帕克森，《向国旗宣誓的丽贝卡》。黑白卡片照，
1863—1864 年

由此，当我们转回到本节开始处介绍的两张穿衣镜肖像时（见图 3.17，3.18），我们可以更清楚地认识到这些图像的含义：它们模仿的是当时美国富裕白人女子钟爱的一种自我形象，由穿衣镜映出的双身更强调出她们的自我意识。把这种形象附加在刚获得自由的一个白奴女孩身上，这些摄影作品引导它们的预想观众与南方奴隶发生认同，从而同情和支持正在进行中的废奴运动。但由于这种认同仍然基于相同或相似的人种特征，它们对废奴运动的策略性推动同时也背叛了这个运动的泛人类理想。

暹罗国王的妃子

上节讨论的丽贝卡的两张肖像，说明穿衣镜摄影模式在欧洲发明后，于 1860 初期已在纽约这样的美国大城市中普及。至于世界上的其他地区特别是亚洲，我们在下节中将谈到这种模式至少在 1873 年以前也被介绍给了中国摄影爱好者，但现存使用穿衣镜的实际摄影作品不早于 19 世纪末期和 20 世纪初期。本节讨论的例子也产生于这个时刻：这是出现在东南亚的暹罗王国——即今日泰国——的一组照片，由一位名叫奕·汶纳（Erb Bunnag，1879—1944 年）的业余摄影师在 20 世纪初拍摄（图 3.26）。正如丽贝卡的肖像一样，这组照片反映了现代化过程中的复杂社会关系和重大政治改革。但这些改革发生在一个完全不同的历史和文化环境之中，照片的目的和功能也判然有别。

图 3.26　奕·汶纳在工作中。黑白照片，约 1905 年

奕·汶纳是暹罗国王朱拉隆功（Chulalongkorn，1853—1910年）的众多妃子之一。朱拉隆功的正式名号为拉玛五世，是泰国近现代史上最著名的人物，在位期间对暹罗的政治及社会制度施行了一系列现代化改革，他也因此被奉为现代泰国之父。[11] 朱拉隆功从小受英国家庭教师辅导，能说一口流利英语，也对西方现代科学和

11　关于朱拉隆功的政治生命，参见陈鸿瑜，《泰国史》（增订本），台北：商务印书馆，2015 年，第 184—209 页。

图 3.27　朱拉隆功首次加冕照。黑白照片，1868 年

政治体制产生了很大的兴趣。他十五岁的时候——即 1868 年——登上王位（图 3.27），成年前由摄政代理政事，他则在数年内访问了周边国家，熟悉英国和荷兰政府在那里使用的西方管理模式。他于 1873 年亲自执政，之后首先进行的一项改革就是逐步废除暹罗已有五百余年历史的奴隶制度。翌年颁布的解放奴隶子女法令，规定凡在 1868 年他初次加冕以后出生的奴隶，年满二十一岁时便可成为自由民。有意思的是，他的英国家庭教师安娜·列奥诺温斯（Anna Harriette Leonowens，1831—1915 年）后来回忆说，这项改

革的缘起是她在朱拉隆功小时候给他读的《汤姆叔叔的小屋》。

　　1874 年也见证了他对暹罗政治管理系统的一系列改革，包括设立内阁和枢密院委员会协助国王处理政务，以及讨论将要颁布的新法。这些改革自然受到保守派的强烈反对，包括 1874 年的"前宫事件"，但都被朱拉隆功以坚定不移的决心和机智的政治手段一一击破或化解。以此为基础，他从 1887 年起推行了一系列更广泛的改革，仿照欧洲体制建立国防部、教育部、农业部、司法部等十二个部委以及新式法院，制定刑事法，革新民事法，废除传统酷刑制度，并把管理人员从吃田俸的封建官吏转变为领工资的政府职员。他的政府也从英、美、丹麦、瑞典等国聘请专家充当各部顾问，以协助改革事业进行。但朱拉隆功的最大功绩，可说是在欧洲列强的压力下维持了国家的基本独立，特别是当时暹罗的所有邻国，如缅甸、柬埔寨、老挝、越南、马来亚和印度，都已沦为英国或法国的殖民地。他也成为第一个跨出国门的泰国国王和对欧洲进行最大规模访问调查的亚洲君主，于 1897 年和 1907 年两次访问了德国、英国、法国、俄国、荷兰、意大利、奥匈帝国、瑞典、丹麦等国，受到这些西方国家至少是形式上的平等接待（图 3.28）。

　　但也就是这样一位现代君主，却在他在位期间建立了暹罗历史上最大的后宫：根据历史学家们的调查，位于曼谷大皇宫内的内宫 (Inner Palace)——或称内城（Inner City）——在朱拉隆功在位时期容纳了大约三千名女子，而只有国王一个成年男人可以入内。这些女子中的一百五十三位是他的妃子，给他生了七十七个孩子。当一个

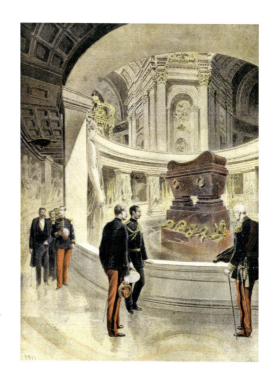

图 3.28 朱拉隆功访问拿破仑墓。载《小杂志》（*Le Petit Journal*），1897年9月26日

妃子为国王生了孩子，她就会被给予更高级别的独立住所，获得更多的随从。[12] 根据一份对暹罗内宫制度的研究，内宫中的女子属于三个不同的社会阶层，最有权势的是出身王室的女性和国王宠幸的妃子，通常从幼年起就在内宫中长大，与国王保持着密切联系。第二

---

12 一份很有深度的对暹罗内宫制度的分析是 Tamara Loos，"Sex in the Inner City: The Fidelity between Sex and Politics in Siam"，*The Journal of Asian Studies*，vol. 64, no. 4 (Nov., 2005), pp. 881–909。

个阶层是贵族和低级王室成员的女儿们，常常是王后和妃子的陪伴。她们长大后或变为妃子或成为内宫的管理人员，也有一些离开皇宫去组织自己的家庭。第三个也是最低的一个层次是内宫中从事各种服务性工作的女性，从看门人到清洁工不一而足。[13]20世纪初期担任邵瓦帕（Saowapha）王后私人医生的马尔科姆·史密斯（Malcolm Smith）见证说，最高层次的王后每人有两百到三百名随从，但等级较低的妃子也有仆人和伴随她们的年轻女子，常是来宫中学习朝廷礼仪的姐妹。他写道："（内宫）是个名副其实的自给自足的城市，包括由拥挤的房屋和窄街构成的网络，以及花园、草地、人工湖和商店。它有自己的政府和各种机构、自己的法律和法庭。它是一座女性的城市。"[14]

§

与本章有关的三个人物都住在这座城里，他们分别是朱拉隆功国王——城中的唯一男人；以上提到的业余摄影师奕·汶纳；以及达拉·拉萨米（Dara Rasami，1873—1933年），她是朱拉隆功的另

---

13 Phonsiri Bunranakhet，"Nangnai: Chiwit thang sangkhom lae botbat nai sangkhom Thai samai ratchakan thi 5" [*Inner Palace Women: Social Lives and Roles in Thai Society during the Reign of Rama V*]. Master's thesis, Thammasat University, 1997, p. 56.

14 Malcolm Smith，*A Physician at the Court of Siam. Reprint*, Kuala Lump: Oxford University Press, 1982, p. 56.

一个妃子，以后被提升为王后之一。这两位女子都从上述内宫里的中等级别逐渐上升到最高层次。三人除了婚姻关系之外还被其他两层关系联系在一起，一是暹罗国内外错综复杂的政治纽带，二是作为现代化象征和图像表现工具的摄影。

要了解他们之间的政治关系，我们必须首先了解暹罗"内宫"的历史含义。与想象中的阿拉伯后宫中无所事事的姬妾不同，暹罗内宫中的高层女性对国家政治事务起着重要作用，也常参与音乐、舞蹈和其他艺术形式的严肃创作。[15]大量研究显示，由于暹罗传统政治结构建立在君主与若干最有权势的家族的关系之上，与这些家庭的通婚成为加强王权的最有效手段之一；王室与这些家族的政治纽带也就由内宫成员以及她们与国王的关系反映出来。内宫中的女子有时也来自邻国王室，她们成为暹罗国王的王后或妃子既是外交事件的结果，也是形成新国际纽带的动因。[16]

奕·汶纳和达拉·拉萨米可说是这两种情况的"教科书案例"。汶纳家族是暹罗最有权势的政治家族之一，其成员长期控制国防部、

---

15 Leslie Woodhouse, "A Very 'Modern' Matron: Phra Rachya Dara Rasami as Promoter and Preserver of Lan Na Culture in Early Twentieth-Century Siam", online book chapter, https://lesliecastrowoodhouse.com/listing-02/; idem, "Concubines with Cameras: Royal Siamese Consorts Picturing Femininity and Ethnic Difference in Early 20th Century Siam", *Trans Asia Photography Review* 2.2 (Spring 2012): *Women's Camera Work: Asia*. http://hdl.handle.net/2027/spo.7977573.0002.202

16 参阅Tamara Loos，"Sex in the Inner City: The Fidelity between Sex and Politics in Siam," pp. 889–891。

财政部和南方重要省份碧武里。至少从 16 世纪开始，这个家族就与王室建立了持续的婚姻关系。特别是到了 19 世纪，汶纳家族女性成员在内宫中的数目剧增，明显反映出这个家族不断增长的政治影响。朱拉隆功的一百五十三个妃子中有十五个来自这个家族，七个是奕·汶纳的父亲生的，四个是她的亲姐妹。大姐欧恩·汶纳（Ohn Bunnag）于 1885 年成为朱拉隆功的妃子，一年后生了孩子被给予独立住宅，二姐于是进宫成为陪伴她的女官。延续着这个模式，十二岁的奕·汶纳在 1891 年进入内宫，几年后也成为妃子。[17] 朱拉隆功 1897 年访问欧洲时很欣赏那里的古代宫殿，回来后在金边湄南河畔新建了一个风景秀丽的皇宫区。当其中的云天宫——世界上规模最大的金柚木宫殿——于 1902 年最后落成并完成装饰后（图 3.29），二十一岁的奕·汶纳随朱拉隆功搬进了这个欧式宫殿，占据了三层楼上国王主卧旁边的一个卧室。她和姐妹也陪伴朱拉隆功去国内各地以及印度、印尼和新加坡等国进行访问；甚至被国王委托组织王宫中的外事活动。而在这个时期，汶纳家族的男性成员主持着碧武里和几个中央部委的事务。

达拉·拉萨米有着一个更为传奇的身世。她并不是暹罗人，而是暹罗北方的清迈王国的公主——清迈当时还是独立的政体，到

17　根据 Leslie Woodhouse, "Concubines with Cameras: Royal Siamese Consorts Picturing Femininity and Ethnic Difference in Early 20th Century Siam"。个别事实参考了 Mary Ellen Snodgrass, *Women's Art of the British Empire*, Lanham : Rowman & Littlefield, 2020, p. 30。

图 3.29　泰国曼谷云天宫。皮拉瓦特·布然那帕尼（Peerawat Buranapanit）摄

了 1939 年才成为泰国的一部分。对朱拉隆功来说，暹罗与清迈的关系是唇亡齿寒的关键政治问题，而后者正面临着成为英国殖民的危险——甚至有传闻说维多利亚女王有意把拉萨米公主收作干女儿。"婚姻"又一次成为解决问题的途径：达拉·拉萨米于 1883 年被迎入暹罗内宫，成为朱拉隆功的一个妃子。开始时由于她和女伴们的异族服装和发式，她们被轻蔑地称为"佬女"（"佬"指老挝境内的傣人），甚至被玩笑式地说成是"散发着腌鱼气味"。但她一生中从未改换服式和发型，也让她的陪从保持本族服饰。她进而把清迈的舞蹈和音乐引入暹罗宫廷，还为一个北方风格的舞剧编写了故事情节，从而引起清迈舞蹈风格的流行。[18] 她于 1889 年为朱拉隆功生了一个女儿，因此被加封为更高一级的妃子。但小公主两岁时天

18　"Information about Thai Arts!". Thailand.com. 20 August 2013.

折，她的骨灰被分成两份，一半留在暹罗一半送到清迈。达拉·拉萨米悲痛欲绝，毁掉了女儿的所有照片，包括那些和她以及朱拉隆功一起照的。她于1908年加封成朱拉隆功的五位王后之一，在拍摄的官方肖像中仍然穿着清迈式样的裙子（图3.30）。当她于1909年返回清迈探亲时，朱拉隆功和所有大臣去火车站送别；在她六个月后返回时又以一百艘皇家游艇组成的仪仗欢迎，把她接到邦芭茵夏宫——泰国宫殿中最美的一座（图3.31），她随后搬入了新皇宫中为

图 3.30　达拉·拉萨米王后肖像。黑白照片，
1909 年

图 3.31 泰国邦芭茵夏宫

她修建的宫殿，在朱拉隆功于 1910 年死后继续在那里住了四年。此后她回到了家乡清迈，在那里继续推倡本地文化直至去世。[19]

§

谈到朱拉隆功、奕·汶纳和达拉·拉萨米三人通过摄影发生的关系，这与暹罗王国的现代化计划也是分不开的。虽然摄影技术在 19 世纪 50 年代就已到达暹罗，但在很长一段时间内，"暹罗图像"

---

19 关于她的身世和艺术活动，见 Leslie Woodhouse, "A Very 'Modern' Matron: Phra Rachya Dara Rasami as Promoter and Preserver of Lan Na Culture in Early Twentieth-Century Siam"。

图 3.32　奕·汶纳，《给泰国皇宫中的女
子拍照》。黑白照片，约 1903—1904 年

图 3.33　奕·汶纳，《消闲中的朱拉隆功
国王》。黑白照片，约 1903—1904 年

的制作者基本上都是欧洲人。[20] 摄影在朱拉隆功的第五朝代（1868—
1910 年）期间迅速本土化，一个重要原因是他在推动暹罗现代化的
过程中，不但自己对摄影发生了浓厚的兴趣，而且将其作为一种政
治工具辅助对殖民化的抵抗——其理由是他的国家已经接受并发展
了这项现代技术，因此已经是文明（siwilai）的一部分。他也因此鼓
励妃子们学习这项技术，其中奕·汶纳既聪明又好学，成为一个多
产的业余摄影师，拍照了内宫中的各种人物（图 3.32），包括休闲中
的朱拉隆功本人（图 3.33），以及国王从南方过继来的一个塞芒族孤

<hr>

20　Joachim K. Bautze, *Unseen Siam: Early Photography 1860–1910*, Bangkok:
　　River Books, 2017. 这本对早期暹罗摄影的详细介绍所包括的摄影师基本都是欧洲人。

图 3.34　奕·汶纳，《朱拉隆功领养的塞芒
族孤儿》。黑白照片，约 1903—1904 年

儿（图 3.34）。当这些照片在 1905 年的一次公开展览中被介绍到外
界的时候，以往完全封闭的内宫也向公众掀开了幕布一角（见下文
讨论）。

　　让我们来看一看奕·汶纳为达拉·拉萨米拍摄的一组日常肖
像，其中都使用了一面落地穿衣镜，其造型与我们看到过的哈瓦登
夫人使用的一面穿衣镜非常相似（见图 3.8），明显是来自欧洲的
"现代"家具。目前发表的奕·汶纳作品中属于这组的共有八幅，
第一幅可能是另一个妃子拍摄的，显示了奕·汶纳的工作场景（图

图 3.35　匿名摄影师,《奕·汶纳准备拍摄》。黑白照片, 约 1905 年

3.35), 其他七幅是奕·汶纳使用这个场景连续拍摄的拉萨米的肖像 (见图 3.36a—g)。

　　这第一幅照片非常重要, 因为它记录了奕·汶纳特意为这个拍摄计划设计和搭建了场地, 把云天宫外的一处露天地点转化成类似影楼的空间。她用一块黑布罩起的屏风挡住了后边的景观, 为这个空间营造出统一的暗色背景, 地上铺的地毯以及使用的穿衣镜和椅子也明显模仿影楼中的布置——相似的陈设见于同一时期的亚洲各国的影楼相片中（参见图 3.44，3.45）。[21] 上文说到奕·汶纳曾随朱拉隆功去亚洲其他国家访问，很可能她在这些旅行中看到过这种摄影方式，或是见到杂志和明信片上的类似图像。但值得注意的是，在吸收这种流行样式的时候，她仍然尽量保存真实生活的味道——特别是右方的梳妆台和上边放着的二十多个大大小小的香水瓶，是在一般的影楼照片中从未出现过的，可能与穿衣镜一样都来自拉萨米自己的房间。这个临时搭建的"摄影棚"因此集商业影楼和妃子私房于一体。在这张照片里，我们还可以看到奕·汶纳正在调节她的大型摄影机，而拉萨米正朝着摄影场地走去——我们可以清楚看到她身穿的清迈风格的长裙；另一值得注意的细节是她的头发在头顶上绾成一个结。

随后的一组七张照片为奕·汶纳所摄，它们的最大特点是与王室成员正式肖像有明显差别。正式肖像中的人物都身穿礼服，表情严肃，姿态拘谨（见图 3.30），而拉萨米在这七幅照片中或站或坐，表情自然，随意地整理头发或面对镜子。摄影师明显希望表现她的自然状态，甚至尝试捕捉转瞬即逝的姿势。图 3.36a 是系列中不甚成功的一幅——拉萨米举起的左手挡住了她的面部，但却明确显示出摄影师希望抓拍瞬时动作的企图。

---

21 Leslie Woodhouse, "Concubines with Cameras: Royal Siamese Consorts Picturing Femininity and Ethnic Difference in Early 20th Century Siam," note 42. 参阅 Eric Jones, *Wives, Slaves and Concubines: A History of the Female Underclass in Dutch Asia*，DeKalb, IL.: Northern Illinois University Press, 2010。

a	b	c
d	e	f
g		

图 3.36（a—g） 奕·汶纳,《穿衣镜前的达拉·拉萨米》。黑白照片，约 1905 年

拉萨米在七幅照片的三幅中站着，在另外四幅中是坐姿，连起来看几乎构成一个连续的动画。在前三幅里她先是举手解开发髻让头发披下（图3.36a,b），然后站在穿衣镜前凝视自己，把长发清清楚楚地展示在观者面前。而在这一刻，照片中梳妆台上的第二面镜子也映照出摄影师和她的相机（图3.36c）。拉萨米然后坐在穿衣镜前的椅子上——我们知道这是随后的照片，因为她的头发业已披下。她似乎先是在两面镜子中端详自己——她的侧面和正面分别映照在穿衣镜和梳妆台上的镜子之中（图3.36d）。她然后回转上身斜视着照相机，此时两个镜子中显示的都是她的长发（图3.36e）。系列中的最后两张采用了一个稍微变化的角度：照相机镜头和拉萨米都朝向梳妆台，似乎她正要开始梳妆。穿衣镜仍然在场，但只有局部出现也只起到辅助作用。她先是在梳妆台上的第二面镜子中凝视着自己；展示给观众的是垂及地面的浓密长发（图3.36f）。她然后做出绾发的姿态，同时第一次对着镜中的自己露出微笑（图3.36g）。

虽然这个阅读顺序只是一种假设，但图像本身清楚显示出摄影师的目的是获取动作中的人物形象，而非构造取消时间感的定格肖像。动作中的形象反射在镜子里，其中交替出现的是拉萨米的面容和她的长发。在一种意义上，这组照片的真正对象是她的头发，被解开、披下、展示、再盘起。考虑到拉萨米作为清迈公主的身份，她的头发所表现的不但是个人的特征，而且也反映出她的文化和民族认同，而照片中的镜子对强调这一认同起了关键作用。从另一个角度看，这些照片也显示出摄影师本人的女性敏感和对拍照对象的熟悉，包括对头发意义的理解和对梳妆过程的重视。这种敏感和熟悉给予这些图像特殊的私密性，像是摄影师与摄影对象之间私人交流的记录。镜子再一次为这种交流提供了一个渠道：当拉萨米面对镜中的自己，她也通过镜像向摄影师传话（见图3.36e）。

由于这些照片是在新建的云天宫中拍的，拍照的时间一定是在1902年以后。照片中拉萨米的年轻面容以及摄影师奕·汶纳的形象都说明这是1905年以前的作品。这组照片的拍摄因此很可能和1905年发生的一个重要事件有关：奕·汶纳的摄影作品在那年首次被皇宫之外的观众看到。展示的场合是朱拉隆功兴建的云石寺，那里于1905年首次举行了大型摄影选拔展。一百二十三名摄影师——包括一些欧洲摄影师——参加了选拔；上交的三百九十五幅作品中将近一半来自王室成员和朱拉隆功的妃子。金、银、铜奖由大众公选推出，不令人惊讶的是朱拉隆功本人的一幅作品获得了金奖。[22] 这个活动还成立了若干委员会，奕·汶纳、达拉·拉萨米和一位以摄影知名的王兄充当了"摄影分部"的委员，主管照片在展览中的安排。此外达拉·拉萨米还名列另一个由王室女性成员组成的四人委员会中。这些活动进一步强化了王室成员之间以摄影为纽带建立起来的关系，包括奕·汶纳与达拉·拉萨米的私人关系。美国摄影史学者莱丝莉·伍德豪斯（Leslie Woodhouse）——她对发掘奕·汶纳

22　Anek Nawikkamune, *History of Early Thai Photography*, Bangkok: Sara Khadi Publishing, 2005.

的摄影作品做了最大贡献——认为这个展览的计划促使奕·汶纳抓紧时间在内宫中拍摄一系列作品，包括她为拉萨米拍摄的这一系列肖像。[23] 上文谈到她为拍摄这组照片专门构建了摄影棚并得到拉萨米的合作，也都支持伍德豪斯的这个推断。

但当拉萨米的穿衣镜肖像在这个公开展览中被展示，它们的私密性质也被转化为公众政治功能：照片中的摆设和拍摄方式都显示出暹罗王室对现代西方文明的拥抱，而把这些图像公之于众的做法更证明了朱拉隆功进行改革的决心。

中国：传教士写作到影楼实践

1863 年 12 月，一个名叫 John Dudgeon（中文名德贞，1837—1901 年）[24] 的年轻苏格兰人与他新婚的妻子到达了上海，即将开始他在中国长达三十八年的后半生。在此前一年他于格拉斯哥大学医学院毕业，获外科学硕士。他十七八岁就对刚发明不久的摄影技术发生了强烈兴趣，自己后来回忆说，"昔在敝国，于咸丰三四年间，初试照影，以为博戏之"，上大学攻读医学之后更"兼明化学之理，因

23　Leslie Woodhouse, "Concubines with Cameras: Royal Siamese Consorts Picturing Femininity and Ethnic Difference in Early 20th Century Siam."

24　许多书中把他的英文名错写为 John Hepburn Dudgeon。John Hepburn Dudgeon实有其人，但是从未去过中国。参见 R. G. Tiedemann, ed., *Handbook of Christianity in China*, vol. 2, Leiden: Brill, 2009, p.356, note 4。

照相旁及光学之事"。他认为照相虽然在逼真方面强于绘画，但遗憾的是尺寸太小，因此参照幻灯演出的方式发明了"灯影镜套大之法"，经试验后于 1855 年登报公布。[25] 那年他才十八岁。

但摄影在他的一生中只扮演了次要角色——虽然他在中国拍摄了不少照片，也编著了第一部以中文出版的介绍摄影技术的专著，其中把穿衣镜摄影模式首次介绍到中国（见后文讨论）。[26] 作为英国宗教机构"伦敦会"(London Missionary Society) 派往中国的医学传教士，他的中心事业是在中国发展现代医学和医学教育，同时也把中国的传统医学文化介绍给西方。他在这些方面的贡献之大之广，在 19 世纪可说无人可及，但今天大多数中国人和西方人甚至不知道他的名字。我们因此感到在谈论他和穿衣镜摄影的关系之前，有必要提纲挈领地介绍一下他作为医生和医疗机构创办者，以及作为中英双语翻译者和国际人道主义者所做出的巨大贡献（图 3.37）。[27]

到达中国之后，他把他的英文姓 Dudgeon 根据音调转译为"德

25　德贞，《脱影奇观》原序，北京，同治十二年（1873）版，"元"册，第 1 页上。此项材料由摄影史研究者徐婷婷告知，特此致以谢意。

26　见 Nick Pearce，*Photographs of Peking, China 1861-1908*，Lewiston, N.Y.：Edwin Mellen Press, 2005, pp. 24-35。

27　以下介绍中有关医学的部分基于高晞，《德贞传：一个英国传教士与晚清医学近代化》，上海：复旦大学出版社，2009 年；《德贞：东西方医学文化的交流使者》，载《自然辩证法通讯》，2011 年第 4 期，第 101—110 页。其他文献中，Nick Pearce，*Photographs of Peking, China 1861-1908* 对德贞的早年生涯和在摄影方面的贡献有比较详细的讨论。

图 3.37　德贞

贞"，并按照中国习惯给自己起了"子固"的字。他从上海转道山东
芝罘，在当地设立了诊所以进行医学传教。翌年他被召入京，主持
设在英国领事馆中的施医院，同时兼任英国使馆和美国使馆的专职
医生。再下一年（1865）他将这个医院迁到北京的公共领域中，在
哈德门（现在的崇文门）大街上的火神庙里创建了北京第一所近代
化医院，全名为京都施医院，但因为门前竖着两个旗杆而以"双旗
杆医院"闻名于众。据介绍，这所"医院漆得漂亮优雅并具装饰风
格。庙宇式的建筑风格使得画笔和刷子有足够的空间表现色彩和图
形，并产生强烈的视觉效果"[28]。医院共有三十多个房间，包括候诊

28　Peking: PUMC Weekly Calendar, 11 December, 1940: 88. 译文出自高晞，《德贞：东
　　西方医学文化的交流使者》，载《自然辩证法通讯》，2011年第4期，第101—110页。

室、诊室、药房、可容纳六十人的病房，以及学生和助手宿舍等。由于接待病人无富贵贫穷之分，以致"求医者踵相接"，每日平均收治病人达百余人。当白喉、麻疹和斑疹伤寒等恶性传染病于1866—1867年侵袭京城时，德贞率领全院员工投入抢救；医院并为京城儿童免费接种牛痘。作为一个关注社会问题的人道主义者，他把禁除鸦片烟当作一项严肃责任，免费收治病人，帮助戒烟，发明戒烟丸，进行病理研究，组织戒烟活动，成为当时反鸦片运动的中心人物之一。这个医院在1900年义和团进京攻打东交民巷时被焚毁，以后重建时仍在入口处矗立了双旗杆，成为今日协和医院和协和医学院的前身。

在这个过程中，德贞事业中的传教色彩越来越淡薄，医学和科学的色彩则越来越浓厚。为此他在耶稣会中被批评，认为他对治病疗伤的重视胜过于对宗教信仰的贡献。[29]（他最后于1884年脱离伦敦会，以医生身份在北京生活和工作。）1871年他受清代总理衙门聘请，出任京师同文馆医学与生理学教习，这是中国官方首次兴办的西医教育。从1873年开始他通过京都施医院出版的《中西闻见录》连载发表介绍西方人体解剖学的《洗冤新说》，自1879年更参照有关人体知识的中文传统著作开始翻译西方经典《格氏解剖学》（*Gray's Anatomy*），先以《西医举隅》之名刊发在对维新人士影响极大的中文报刊《万国公报》上，随后汇集为《全体通考》由同文馆

29　见 Nick Pearce, *Photographs of Peking, China 1861–1908*，p.27。

出版。他同时期的另一项计划是把威廉姆·哈维（William Harvey，1578—1657 年）的《心血运动论》翻译介绍到中国，在 1874 年的《中西闻见录》上分章刊登。

同时，他也承担起把中国传统健康理念和医疗方式介绍到西方世界的责任，首先从 1869 年至 1872 年在上海的《教务杂志》（Chinese Recorder）上连载《中国治疗艺术》十篇，介绍中国的医学经典和疾病观念。随后于 1877 年在北京出版英文著作《中国的疾病》（The Disease of China, Their Causes, Condition, and Prevalence Contrasted With Those of Europe）。他在生命的晚年更将注意力集中在对中医文化的研究，1894 年将清代王清任的《医林改错》译成英文刊登在《博医会报》（The China Medical Missionary Journal）上，隔年又在同一期刊上登出《医宗金鉴》部分章节的译文。他还投入了对中国养生术和气功学研究，在 1895 年的《北京东方学会刊》（The Journal of Peking Oriental Society）以"功夫——医学养身术"为名分两部分给以介绍。

在以上诸种著作中，他主持下的京都施医院编辑发行的《中西闻见录》是一份超出医学的中文出版物，向 19 世纪的中国人介绍了当时的最新科学知识，包括"蒸汽机因子折叠法"（第 4 期）、"车轮轨道说"（第 5 期）等。他在这份刊物第 9—12 期（1873）上附图连载的《镜影灯说》对幻灯投影做了非常详细的介绍，不但解释这种视觉技术在中国和西方的源流，而且详细说明"镜影灯"（即幻灯机）的制作方法，提供了标有尺寸的图纸并解释了灯光和玻璃的种类。[30] 在接下来三期连载的《镜影灯续稿》中，又提供了制造三种不同照明燃料的方法。[31] 这篇文章的起因，是由于他在教学中应用了幻灯技术以演示人体解剖、讲解血液循环等，他的演示方式引起听众的很大兴趣，他因此用中文详细介绍出来以飨读者。对德贞说来，"传教"的职能不限于宗教，而是包括了所有种类的知识。他对摄影的介绍也出于同一动机。

德贞到中国之后并没有抛弃对摄影的兴趣，在行医之余拍摄了不少建筑和风光照片，其中较为珍贵的是对西郊清漪园（今日颐和园）遗址的一组记录——这个被英法联军焚毁不久的皇家园林尚满目疮痍（图3.38）。他并把摄影技术作为和中国人联系的一种方式。据他自己说，当京都施医院建立之后，前去拜访他和就诊的人很多，大家知道他会照相后就纷纷请他拍照，其中更有一些人希望了解摄影而向他讨教：

> 知我有摄影匣者，不以技工之拙，而委我以照影之事。于是中西各国之友，接踵相托，而疾病颠连之人，络绎旁骛。终日应答不遑，衷情忾然，因思将脱影（即摄影）之事，译出华文，编次成书，用酬友道，稍舒歉仄。

30　德贞，《镜影灯说》，载《中西闻见录》，1873年第9期，第11—15页。关于幻灯技术在中国的早期历史，见孙青，《魔灯镜影：18—20世纪中国早期幻灯的放映、制作与传播》，载《近代史研究》，2018年第4期，第65—83页。

31　德贞，《镜影灯续稿》，载《中西闻见录》，1873年第10—12期，第8—13页。

图 3.38　德贞，《英法联军焚毁后的清漪园》。黑白照片，19 世纪后期

　　这也就是他为什么在行医之余，用中文编写和出版《脱影奇观》一书的原因（图 3.39）。此书于 1873 年以木板刻印在北京刊行，虽说是"译出华文"，但并没有说明译自何书。更大的一个可能是他采集西方对摄影的介绍，益以自己的心得编成此书。全书四册线装，内容分理学、艺术、法则三部分，卷首的《脱影源流史传》介绍了摄影术在欧洲的发明经过。书中刻印了当时西洋流行使用的各种照相器材的样式（图 3.40），介绍了拍摄和冲洗照片的方法，卷末并附录上文说到的"镜影灯说"。当时任总理各国事务衙门大臣的完颜崇厚在为此书写的弁言中称赞其"详载光学化学誌理，并聚光用药之法，明白晓畅，开数十年不传之秘"。[32] 最后一句意味这是详细介绍

32　完颜崇厚，《脱影奇观序言》，载《脱影奇观》，北京，同治十二年（1873）版。

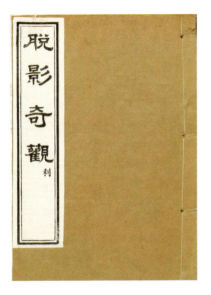

图 3.39　德贞《脱影奇观》封面，
1873 年于北京刊行

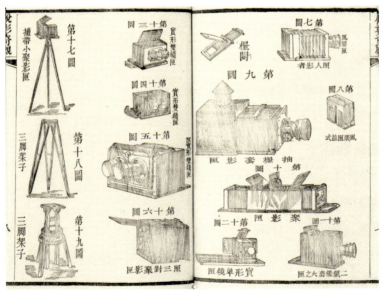

图 3.40　德贞《脱影奇观》中的照相器材插图

图 3.41　德贞《脱影奇观》中的"照镜
影之法"

摄影原理和方法的第一本中文书，向他和其他中国读者揭开了这个
西洋奇技的奥秘。

德贞对"穿衣镜模式"的介绍出现于该书中卷关于摄影艺术的
部分。他在小标题"照镜影之法"下写道："若照影时，背后置一大
穿衣镜，其人影照出，而前后俱见。又有照其人影于穿衣镜中，盖
镜中之影左衽，返照于聚影匣中而影则正。"[33]（图 3.41）细按文意，
他在此处介绍的实际上是两种拍照镜影的方法，但都使用了"大穿
衣镜"。一种是利用穿衣镜拍照出人的前后两面，另一种是只拍摄
镜子中的影像。后者的奇妙之处是镜子里面的倒转映像，在照相机

33　德贞，《脱影奇观》，利卷，第 32 页下。

（即聚影匣）的取景器中又被转为正像。穿衣镜和照相机因此又一次被联系在一起，这次在于二者都能够把形象翻转。

德贞无疑在来中国之前就见过这类穿衣镜照片。我们无法知道他是否在中国将其付诸实践，或者《脱影奇观》的读者中是否有人曾尝试制作这类照片。但这份文献清楚地说明，使用穿衣镜拍摄肖像的方法在1870年代就已经传到中国，而这个技术和艺术的传递是随着宗教和科学的传布到达东方的。

§

1897年5月26日的上海《新闻报》上登出一则题为《照像新法》的广告："小号耀华新法照像，能见人之前后左右全体，赐顾者请尝试之。抛球场东首亨达利对门耀华启。"（图3.42）

这则短短的广告对我们了解穿衣镜摄影模式在全球的流布具有重要意义，因为它相当可靠地敲定了这种模式在中国出现和流行的时间。在此之前，虽然像德贞这样的旅华西方摄影家知道这种摄影

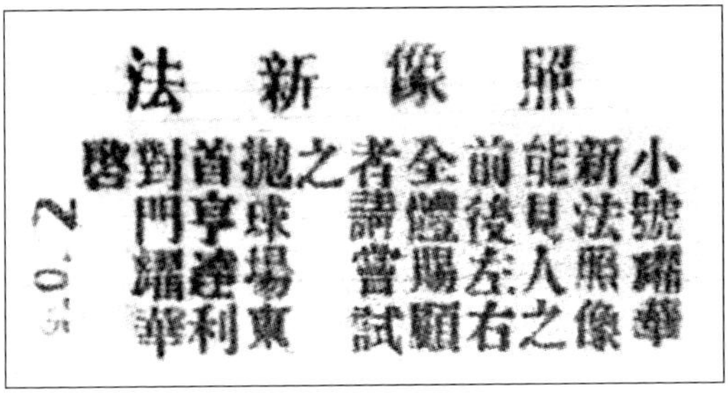
照像新法
小號耀華新法照像能見人之前後左右全體賜顧者請嘗試之抛球場東首亨達利對門耀華啓

图3.42　耀华照相馆《照像新法》广告，上海《新闻报》，1897年5月26日

方式的存在并以文字将其介绍给中国读者，但是他们并没有留下使用穿衣镜拍摄的照片；而当商业影楼自 19 世纪 50 年代起在香港、上海这样的通商口岸出现之后，在很长时间内也没有引入这种肖像模式。这就是为什么耀华照相馆在 1897 年刊登这个广告时，把"见人之前后左右全体"的穿衣镜肖像说成是"新法"的原因。沿着这个线索，我们可以找到这个照相馆的一些典型作品进行分析。但更为重要的是，由于耀华照相馆是上海商业摄影的"四大天王"之一，极为自觉地争取和巩固其作为界内时尚领袖的地位，我们可以由这些照片进而思考穿衣镜肖像代表了什么意义上的"新"，它对 19 世纪末到 20 世纪初中国的视觉文化又有何种更广泛的影响。

在 19 世纪末期数以百计的上海影楼中，耀华照相馆最自觉地以各种"新法"吸引顾客，也最明确地追求中西合璧的肖像风格。这个照相馆坐落在上海最繁华的大马路上（即今日南京路），在上海人用作地标的亨达利钟表行的斜对门。[34] 图 3.43 中的历史照片摄于 1895 年前后，显示影楼位于一幢西式双层建筑中，门口两旁橱窗里展示着用于招徕顾客的产品，门上方的英文招牌写着"Sze Yuen Ming Photographer"。"Sze Yuen Ming"是照相馆创始人施雨明（1861—1935 年）——更多时候被称作施德之——的广东话发音，也是耀华的英文名字。施德之是个出生在香港的中英混血，英文名字是 Star Talbot。

---

34 关于耀华照相馆最全面和详细介绍，见仝冰雪，《中国照相馆史，1859—1956》，北京:中国摄影出版社，2016 年，第 301—320 页。本节中多有参考此书之处。

图 3.43　19 世纪末期上海南京路上的耀华照相馆。仝冰雪藏

虽然出身贫寒——他的父亲是个英国水手，母亲是个福建女子，但当他闯荡到上海，娶了花旗银行伦敦分行首任经理奥古斯都·怀特（Augustus J. White）的孙女之后，为自己找到了经济后台和社会资源，于 1891 年购得沙为地照相馆（H. Salzwedel & Co.）的全部设备，之后将其改名为"耀华"——或"Sze Yuen Ming Photographer"。

　　为了在竞争激烈的上海商业摄影界脱颖而出，施德之采用了最有效的现代商业策略，在报刊上大量刊登广告。从 1893 年 1 月 30 日开业之前，他几乎每天在上海最有影响力的报纸《申报》上登出广告，持续了半年以上。首则广告题为《请照新相》，宣告耀华"不独照像之法与别不同，更兼机器最新最灵"（《申报》1892 年 1 月 27

日）。同年 7 月 13 日登出的广告冠以《中国头等照相店价廉物美》的标题，对其业务范围和经营取向做了较为全面的介绍：

> 小号地方之清洁，配景之多，无出其右。一切照相放大机器药料，俱购诸外洋有名大厂，非区区可比。大小各像可照在五金、木器、瓷器、象牙，及一切绸布。价均从廉，放大可放长至一丈四尺，阔八尺。写油相、水相、铅笔相，无不尽善尽美。自开张迄今，凡中西诸尊赐顾者无不称美小号。所以不惜工本，价从极廉，但期久远，非图射利。赐顾者不可不择焉。

这则广告的核心概念可以总结为耀华的现代性和国际性：它不但在清洁卫生与器材设备上在上海影楼中"无出其右"，而且照相器材和药品也均购于西洋著名厂家，其客户来源华夷兼顾。沿着这个方向，施德之通过各种渠道强调耀华与中西两方的联系：赴英参加爱德华七世加冕典礼的载振亲王于临行前被请到这里拍照；慈禧太后的"御容小像"在此代销；巴黎举行的首届世界博览会颁给它奖状——这些都成了这家由"德国著名光学师所造"的照相馆的社会资源。与此同时，施德之在广告中不断推出各种摄影新法，包括"立等可取"的快照、"既泰西航海新来者亦称罕见"的超大肖像、"古装、泰西、日本、满汉男女衣服"的化妆照、甚至是"新到狮子、虎、豹、大鹿、大洋狗等兽，以佐照像之用"。称为"全体像"

的穿衣镜照片即为这些新法中之一种。

这种"全体像"的对象主要是女性——如本书下章将谈到的，目前所知摄于1912年以前的穿衣镜照片都是女性肖像，而1912年出现的一组男性穿衣镜肖像则是缘于当时的特殊政治环境。这个女性顾客群体中应当包括上海的名媛和富家小姐——特别是施德之为了吸引这类顾客还在1905年开办了由其长女主持的耀华西号，"专拍女照，以便闺阁"。但目前能够断定身份的淑女穿衣镜照片相当罕见，一个原因可能是这种私人照片没有被留存下来，另一个原因是上海的商业影楼一再"庄严承诺"不公开发行女子私照。如宝记照相馆在开张之日登报宣告"闺眷影片，永不零售"，耀华照相馆也在广告中声称"倘有闺秀妇女不便出外拍照者，尽可相邀到府，玻璃底送还"（《申报》1894年9月20日）。

但同是这个耀华照相馆，却把号称"海上花"的名妓照片作为商业图像使用，或放大为广告，或翻印为明信片，在公共场域中流通无阻，甚至打出"倌人半价"的招贴，吸引青楼女子前去拍照。[35] 而名妓们也把照片作为自我宣传的工具，"几乎人人摄有倩影小照，无论是对影自恋，还是赠客留情，都是再好不过的旖旎新潮之物"。[36] 商业影楼和青楼文化因此一拍即合，相互利用。在上海这样的租界城市，购买和使用这类"时装美女"照片和明信片的人多是外国游

---

35 《申报》，1905年2月17日。

36 张伟，《西风东渐：晚晴民初上海艺文界》，台北：秀威资讯，2013年，第310页。

客、商人和士兵，以这种最简易的方法把他们看到的"神秘东方"邮寄回国与家人共享；通过这种渠道流传到全世界的上海妓女形象，也因此成为"中国女性"的缩影。

这也就是为什么在流传下来的 19 世纪末到 20 世纪初采用穿衣镜的中国肖像照片中——它们大多发现于国外——很大一批是耀华出产的时装美女明信片。其中一张于 1903 年 1 月 21 日从汉口发往法国，写信者告诉家人他将连续发去三张明信片，上面印有表现中国人情地貌的各种图像（图 3.44）。这张明信片的右边印着天津老城的街景，左方是一个站在穿衣镜前的女子，手腕上戴着层层金镯，绣花裤脚下露出三寸金莲。当时的所有中国人都能马

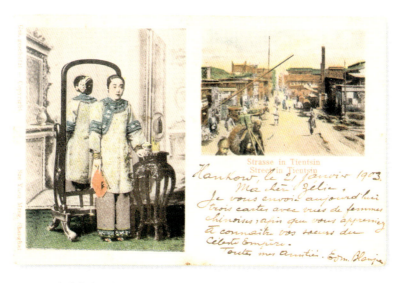

图 3.44　耀华出产的穿衣镜前美女和城市风光明信片。20 世纪初期。维珍纳·蒂瑞丝（Regine Thiriez）藏

上识别出这个女子的青楼身份，但寄信者却把她说成是广义上的"中国女人"（femmes Chinoises）。

这名妓女身后的穿衣镜与哈瓦登夫人和奕·汶纳所使用的镜子样式非常接近（见图3.8，3.36），应该是施德之直接从欧洲进口的。我们在另一张耀华出品的时装美女明信片上再次看到这面镜子（图3.45）。两张照片的背景也相同，都是影楼中画出的欧洲室内景象：左边立着一个高大雕花壁柜，右边开敞的门通向悬镜的内室。但人物和穿衣镜的关系在这两张照片中被反转：第一张照

图3.45　耀华出产的穿衣镜前美女明信片。20世纪初期，维珍纳·蒂瑞丝藏

片中的女子面向画外观众，穿衣镜中映射的是她头上的华丽饰物；第二张中的女子则对镜而坐，观者首先看到她的满头首饰，然后才是镜中映射的面容。两张明信片上都印着"Sze Yuen Ming"出品的字样，也都由外国人购买使用，后一张于1902年7月14日从上海发往法国的阿尔比。

耀华有时也会把产品卖给别的影楼或摄影商。例如另一张印有时装美女照片的明信片标着勒内·蒂洛特（René Tillot）出品（图3.46），这是一个在中国经营摄影产品、专长于生产明信片的法国摄影师。但

图3.46 耀华出产的穿衣镜前美女明信片。20世纪初期，维珍纳·蒂瑞丝藏

图 3.47　耀华出产的穿衣镜前美女明信片。20 世纪初期，仝冰雪藏

这张照片无疑为耀华所拍，我们可以把它和一张带有"上海耀华"字样的照片做一比较（图 3.47）：二者不但摄影风格相同，而且女子脚下铺垫的也是同一张地毯，也使用了同一架具有特殊结构的穿衣镜。这架穿衣镜很可能是耀华专门为拍摄"全体像"制作的：它比一般的穿衣镜大得多，而且被设计成独特的四扇镜屏，旁边两扇是透孔窗格，中间两扇镶着比人还高的镜面。照相者在屏前或站或坐，就会在镜中映照出两个侧面，造成"对影成三人"的效果。

这个镜子在上海妓女圈里肯定十分受欢迎——1913年出版的《海上惊鸿影》中至少有五位上海名妓女的照片都是在这架镜屏前拍的。而且，由于使用这架特殊穿衣镜拍照的相片不仅显示前后两个角度，它们更符合耀华在1897年5月26日《新闻报》上宣传的"能见人之前后左右全体"的新法，很可能这则广告指的就是这种特殊的穿衣镜照片。还有两点值得注意的，一是图3.46中的照片着色典雅，相片下面带有金地红字的影楼名称，富丽堂皇的效果很不一般。根据耀华的广告，这个照相馆曾特地聘请旅美多年的著名画师朱毓珊给相片着色，朱离开后又请了一位从维也纳回来的画师相助。[37] 此幅照片的着色或出于二人之一。另外值得注意的一个细节是此幅和其他"海上花"照片中的女人小脚常以画笔绘成，以强调其"三寸金莲"的纤小（见图3.44，3.47）。

一个值得思考的问题在此浮现出来：如果说对于购买这类照片的外国人来说，镜前的美女充满东方情调，镜中的映像更加强了她的异国色彩，那么对当时的中国人来说，影楼出品的这种时装美女图像以及其他类型的穿衣镜肖像，又会含有何种意义？

意义应该有多种，由照片中人物的衣着打扮、布景陈设，以及当时的文学写作透露出来。第一种意义是对西方的想象，最明确地外化为照片背景中的欧式厅堂和家具，穿衣镜是这个环境的组成部分（见图3.44，3.45）。玻璃穿衣镜作为"西方"象征的意义可说

---

37 见仝冰雪，《中国照相馆史，1859—1956》，第310页。

是源远流长，从清代初年起就已如此（参看本书第二章中的讨论），在 19 世纪的流行文化中被进一步确定。如《申报》1872 年 5 月 18 日登出一首《沪北竹枝词》唱道："镶金大镜挂房间，照见檀郎日往还。更设西洋藤睡椅，尽堪乘兴到巫山。"这类竹枝词主要描写妓院场景，因此和上面讨论的"镜前美人"照片有着内在联系。有意思的是词中将"镶金大镜"和"西洋藤睡椅"对称，均作为时尚和豪华的标志。此外，报纸上登载的穿衣镜广告和销售启示经常强调其"特由外国拣选""价值颇大"，总是把这种物件和西方联系在一起。[38]

同样的文化联系和象征意义也见于写于这一时期的文学作品。如连载于广州《星洲晨报》上的《镜花后缘》描写颜紫绡与崔锦英两人离开隐逸之处去世间游历的种种经验，第十回讲到二人与福州官吏徐九之姜程小春相遇，被引入她的私室参观。她们在那里看到的是一个全盘西化的生活方式：睡的是进口的"弹弓床"，喝的是琥珀色的洋酒，而最令小春自豪的是一架英国原装穿衣镜：

> 小春把帘子拨开了，当头是一架大大的穿衣镜，三人全身都映入镜来。那时紫绡阅历还浅，便赞道："好一架镜子！

这是那一省出产的?"小春笑道:"姑娘为什么这般没有分别?这镜莫说中国没有,并且亚洲也没有这般制造哩!这是大英国的东西,他们特特的托人在外国寄了回来的,听说也花了五百多块银子了。"[39]

除了妓女穿衣镜肖像之外,19世纪末和20世纪初的影楼还出现了另外两类穿衣镜照片,一是满族妇女的旗装像,另一类是戏剧演员的化妆像,后者也经常作旗装打扮。美国盖蒂研究所收藏了一本1900年左右制作的照相簿,其中包括了一幅满族妇女的穿衣镜肖像(图3.48),说明这类照片的出现不晚于此时。从图像的表现形式和流传收藏来看,这种照片应起源于西方摄影家对满族妇女头饰的兴趣。这种头饰称为"旗头"——满族妇女在发髻上戴着一项由铁丝架支撑、里外覆以青缎面料的扁平头冠,正面装饰着珠宝首饰,侧面悬挂流苏。虽然这种头饰对当时的中国人来说司空见惯,但来华的西方摄影家常将其作为一项有趣的异国风俗加以记录,著名摄影师约翰·汤姆生(John Thompson,1837—1921年)还拍了正反两面的照片,以表现"旗头"的完整结构(图3.49)。[40]

---

39 此小说作者笔名秋人,真名不知。小说从1910年1月8日起在《星洲晨报》上连载。由台湾学者苏恒毅复原出版,见其著作《老花移映新影:清末四部拟〈镜花缘〉小说的历史与妇女群像》附录,台北:元华文创,2019年。

40 Example of a coiffure on a Tartar or Manchu female,1869.

图 3.48 匿名摄影师,《满族妇女穿衣镜肖像》。19世纪末,盖蒂研究所藏

a

b

图 3.49(a,b) 约翰·汤姆生,《满族妇女的头饰》。19 世纪下半叶

图 3.50　匿名摄影师,《满族妇女穿
衣镜肖像》。1900年左右

　　这类照片通常不是作为"肖像"创作的,因为摄影师的主要拍
摄对象并非照片中的人物而是人物的装束。当穿衣镜摄影模式在 19
世纪末以后开始流行后,照相师很快发现这个模式允许他们将正反
两面的"旗头"并置于同一张相片,能够更有效地满足外国游客的
需要(图 3.50)。因此,虽然这些图像起源于汤姆生等人的纪实摄影
传统,但到 1900 年左右已以旅游者的猎奇目光取代了早期的人类学
兴趣。作为一个证据,与市面上贩卖的妓女穿衣镜照片一样,满族
妇女穿衣镜照片也都不标出照镜者姓名,而只是笼统地称其为"鞑
靼妇女"(Tartar lady)或"满族女子"(Manchu woman)。[41]

41　一个这样的例子见于洛杉矶盖蒂研究所收藏的《保罗·付留瑞亚洲旅行影集》
　　(*Travel Albums from Paul Fleury's Trips to Asia*)。

但什么事情都不是简单和纯粹的，尤其是在半封建和半殖民地的清代末期。就在这类满族妇女图像作为旅游商品在国际上流通的时候，真实的满族上层妇女也发现和拥抱了摄影术，仿效皇太后慈禧的榜样越来越多地出现在照相机前，甚至频繁出入商业影楼。而一些影楼也注意到这个趋向，开始在满族贵族、官员和他们的家眷中发展顾客。位于京城的丰泰照相馆是这类影楼中最著名和成功的一个。

丰泰常被说成是"北京第一家由中国人创办的照相馆"，它的创始人任庆泰（1850—1932年）有时也被描写成出身于辽宁法库县的名门望族，祖上甚至和清太祖努尔哈赤沾亲带故。摄影史研究者仝冰雪对这类说法进行了查询，发现它们大多毫无根据。[42] 但这里重要的一点是：这种传言肯定为任庆泰的事业带来很大好处，特别是因为他的一项重要商业策略就是发展和清朝贵族的关系。据记载他和肃亲王善耆、庆亲王奕劻等贵族都有私交，后者不止一次去丰泰照相馆拍照，并把洗出的照片带入宫中呈给慈禧太后观看，从而引起慈禧太后对这家照相馆的注意，数次召任庆泰入宫为她拍照。据说任庆泰每次为慈禧太后照相时都精心琢磨和制作，拍出的照片很合老佛爷的口味，他也因此被赐予四品顶戴花翎的虚衔（图 3.51）。此后丰泰照相馆的生意更加兴隆，任庆泰也成为实业界的知名人物。

42　见仝冰雪，《中国照相馆史，1859—1956》，第323—324页。

图 3.51　穿着清代官服的任庆泰

　　也就是在这个上下文中，我们获得了唯一一张具有确凿人物身份的满族妇女穿衣镜照片（图 3.52）。这张照片贴在印有"京都前门外琉璃厂丰泰照相馆"名号的卡纸上，背后盖有丰泰照相馆的双语印章（图 3.53）。照片中的女子是肃亲王善耆的正福晋赫舍里氏（1867年生），她身穿正规典礼朝服，站在一架穿衣镜面前。镜后的白色幕布制造出摄影棚的封闭感觉，但根据镜中反射出的平房窗户，我们知道照片是在室外拍摄的，很可能是在肃王府中的院子里。这张照片具有清晰的来源：它是由赫舍里氏本人赠送给美国首任驻华大使爱德温·康格（Edwin Conger）的夫人萨拉·康格（Sarah Conger）的，后者不但在照片背后注明了像主和她丈夫的身份以及照片的拍摄地点"肃王府"，而且写道："她穿着礼服去给太后和皇帝拜年。"（She

219

图 3.52　丰泰照相
馆，《肃亲王善耆的
正福晋赫舍里氏像》。
20世纪初，波士顿
美术馆藏

图 3.53　《肃亲王善
耆的正福晋赫舍里氏
像》背面

图 3.54 穿衣镜前的玛丽·璧克馥。黑白摄影，1920 年，阿尔佛雷德·切尼·约翰斯顿（Afred Cheney Jonston）摄

is dressed in her robes of state in which she wishes the Empress Dowager and Emperor a Happy New Year.）根据美术史家理查德·布瑞林特（Richard Brilliant）所下的定义，我们因此得到了可被称为"肖像"的第一幅中国穿衣镜照片——它带有被摄者的名字。[43]

　　这个定义也可以用来界说 20 世纪初的另一组穿衣镜照片——它们表现的都是有名有姓的戏剧演员，这在当时也已成为一种全球现象——好莱坞著名艳星玛丽·璧克馥（Mary Pickford）摄于 1920 年的一张著名影像就是在穿衣镜前摆出飞翔姿势，如同一个仙女即将飞入镜中的幻想世界（图 3.54）。但在这个潮流中，中国的镜前明星照仍有

43　Richard Brilliant, *Portraiture*, London: Reaktion Books, 1991.

图 3.55　梅兰芳扮装像。黑白摄影。载汪兰皋，
《梅陆集》，上海中华实业丛报社，1914 年

图 3.56　王瑶卿扮装像。黑白摄影。载徐慕云
编，《梨园影事》，上海东华公司出版，1922 年

　　其自身特点。如图 3.55 和 3.56 所示，照片中穿衣镜前的著名旦角梅兰
芳和王瑶卿都扮装为《四郎探母》中富于同情心的辽国公主。在京剧
舞台上，这个公主总作满族女子打扮，头上顶着一个典型的"旗头"。
这些摄于民国初期的戏剧演员穿衣镜照片因此带有双重含义，既映射
出名旦化妆的戏剧角色，又寄托了对末代王朝的一丝怀旧之感。

第四章

从程式到主体：
在镜像中发现自我

上章讨论的照片都沿循着一个程式，我们称之为穿衣镜摄影模式，其基本特征为人物与大镜的直接互动。人物一般只有一个，镜子则可以是一面或多面，但都映射着中心人物。许多这类图像——从巴黎的裸体模特到上海的时装妓女——隐去了人物姓名。另一些照片中的人物有名有姓，因此可以确定为个人肖像，如白奴女孩丽贝卡、暹罗妃子拉萨米和肃王福晋赫舍里氏，但其摄影意图并不在于发掘对象的个性和意图。即便如哈瓦登夫人作品中充满私密感的女儿们，她们所传达的仍是维多利亚时期的女子共性；因此当这些作品公开展览时，哈瓦登夫人给它们的标题是《摄影习作》(Photographic Studies) 和《写生习作》(Studies from Life)，而不是模特的姓名。

但是当穿衣镜摄影模式一经成为流行的摄影语汇，它就可以被摄影师和艺术家用来表达更深刻的内涵，也就是本章标题中的"主体"。虽然哲学家对"主体"这个概念众说纷纭，一个基本的共识是它反映出现代意义上的自我，包括独立的身份和个人的主观意识。穿衣镜摄影模式如何为表达身份和意识服务？如何在这种努力中超越其业已形成的流行文化和商业文化特征？这是本章希望探讨的问题，将通过中国和欧洲的两个例子聚焦于"媒材与主体"这一主题。

辛亥剪辫纪念照

武昌起义于 1911 年 10 月 10 日爆发，中华民国于 1912 年 1 月 1 日成立，结束了两千多年的中国朝代史。在民国元年颁布的一项法令中，新生的共和政府要求所有男性公民不分阶级、职业和理想一律剪辫。民国临时大总统孙中山于 1912 年 3 月 5 日颁布的《大总统令内务部晓示人民一律剪辫文》中宣布："今者满廷已覆，民国成功，凡我同胞，允宜涤旧染之污，作新国之民。"[1] 剪辫因而成为新生民族国家对于公民身份的定义。

民众对这个法令有三种不同反应。对坚定的革命派和改良派来说，他们或在此以前已经剪辫，或在此刻将给中国人带来耻辱的这个"猪尾巴"毫不犹豫地割去。立场相反的一些人——或是保皇党或为保守派——认为辫子是中国男性的特有特征，因此抗拒剪辫令。

---

[1] 孙中山，《临时政府公报 29 号》，1925 年 3 月 5 日，见黄彦编，《孙文选集》，中卷，广州：广州人民出版社，第 262 页。

著名学者王国维直到 1927 年投湖自杀时一直保留着他的辫子。山西地方上的一位名叫刘大鹏的有影响乡绅某天上街被强行剪去了辫子，他备感创伤，自此拒绝参加公共事务。[2] 第三种人处于二者之间，既不坚决反对改革又对旧时习惯怀有留念。当他们终于决定服从政令剪去一生积蓄的长辫的时候，心中怀着的是一种复杂的感情，似乎生命在此时发生了断裂。

这也就是一个名叫王益盒（益盒是他的字）的年轻男子在 1912 年 9 月 13 日那天出门时的心情。他换上了一件高领窄袖、款式时髦的丝袍，让用人重新编紧了他那又粗又长的辫子，在辫梢系上一段青丝以增加它的长度。然后他去到了位于前门外的号称"京城商业第一楼"的劝业场（图 4.1），楼上一家名叫丽芙的时髦影楼是他经常光顾之地，知道那里提供拍摄穿衣镜照片的服务。他告诉影楼老板他想拍一张这样的照片，交了八角大洋定购了两幅。完成拍照之后，他或是去了一家理发馆或回到家中，叫人把他的珍贵发辫齐根剪下。一星期之后他拿到了洗好的照片，照片中的无言男子直视着他的眼睛，身后的穿衣镜中映出他已经失去的垂至膝下的长辫（图 4.2a）。提起毛笔，他在照片后边记下这段事情并盖上他的印章（图 4.2b）：

2　Henrietta Harrison, *The Man Awakened from Dreams: One Man's Life in a North China Village, 1857-1942*, Stanford: Stanford University Press, 2005, p. 94. For a related discussion, see Henrietta Harrison, *The Making of the Republican Citizen: Political Ceremonies and Symbols in China 1911-1929*, Cambridge: Cambridge University Press, 2000.

图 4.1　20 世纪初的北京劝业场

> 壬子秋八月，将欲剪发，故用大镜照后影，以留纪念。
> 八月初三日即新历九月十三日拍于劝业场楼上之丽芙照像馆，
> 计印二张，大洋八毛。益盦志，时年念（廿）七岁。[3]

作为私人纪念，这张照片从他手中传到他的后代，直至他的曾孙女王文婕女士在 1999 年的一期《老照片》杂志中公开了这张家庭照片。[4]

3　这张照片发表在《老照片》1999 年 12 月刊的中心页上。题词见于冯克力，《让'历史成见'尴尬的照片》，http://www.lzp1996.com/bzgy/20110402/522.html。

4　王文婕，《剪辫留念》，载《老照片》，1999 年 12 月。

图 4.2 （a）王益盦剪辫纪念照。北京丽芙照相馆，1912 年

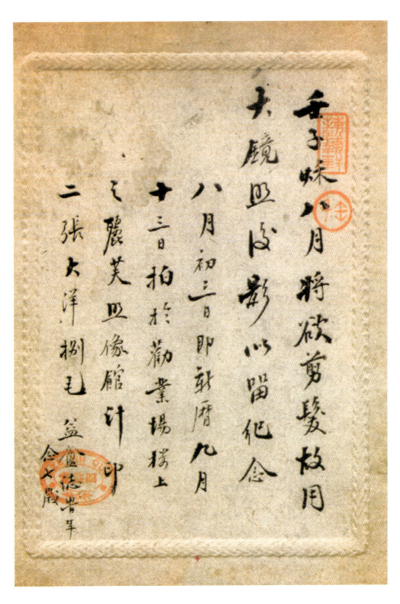

图 4.2 （b）王益盦在照片背面的题词

228

王益盦题词中的一句——"故用大镜照后影,以留纪念"——造成一个印象,即使用穿衣镜保存辫子影像的方法出于他个人的决定。但这与实际情况并不相符,因为早在四个月之前就有另一位男士,在极为相似的情形下,运用同样的手法为自己拍摄了剪辫纪念照(图4.3)。和王益盦一样,这位男士也在剪辫前去到影楼留念,也使用了落地穿衣镜,也在洗好的照片背面写下了一段题词,文曰:

图4.3 李宏春剪辫纪念照。1912年

亡清纪念物：发辫最后之造影。中华民国元年四月四号，即壬子二月十七日十二钟。剪发前摄影纪念。毓祥志。[5]

　　这张照片中的年轻男子是李宏春（1890—1946年），字育庠或毓祥，拍摄时二十二岁，可能仍是一名政法学生。根据他的儿子、后来成了著名音乐指挥的李德伦的回忆，李宏春生于一个家道没落的习武之家，是家里的小儿子。他先进了家乡河北丰润县的警察学校，然后跟随大哥去到东北的奉天（今沈阳），考上了那里的"法政学堂"学习法律。他于1912年毕业成为律师，在奉天的东三省都督府当录事。虽然后来他成了北京商业圈和梨园界甚有影响的名人，也沾染上了抽大烟和嫖妓等坏习气，但在上学期间他尚是一个"意气风发、具有一些新观念的热血男儿"。[6]这张照片没有标记影楼名称，根据李宏春的履历来看可能是在当时东三省首府奉天拍摄的，时在他将毕业或刚毕业的时刻。[7]

　　虽然都使用了穿衣镜，王益盦和李宏春的"全体像"也有一

5　题词抄录在定宜庄《浅谈北京城的口述史》中，d'Extrême-Orient Centre de Pékin，在《历史、考古与社会——中法学术系列讲座》14号，2011年6月；以及定宜庄，《老北京的口述历史》，北京：中国社会科学出版社，2009年，下卷，第599页。

6　罗筠筠，《李德伦传》，北京：作家出版社，2001年，第3页。有关李宏春的生平也可参见他女儿的回忆，载定宜庄，《老北京的口述历史》，下卷，第596—637页。

7　据李德伦的回忆，李宏春结婚后，一家于1913年秋回到老家丰润。见罗筠筠，《李德伦传》，第4页。

些重要区别，显示出二人对摄制过程的不同程度参与。王益盦的参与程度相对较低：他所使用的场景与我们讨论过的"镜前美女"和"满族女子"照片中的布置完全相同，配备着幻视风格的欧式壁画、盆栽花卉和全身立镜（比较图 4.2a 和图 3.45，3.50）。他提出的唯一要求是使用穿衣镜这种女性摄影道具记录他的长辫。李宏春则至少做了两个额外要求，一是使用被称作"二我图"的摄影特技，利用双重曝光方法使他在这张照片中重复出现；二是他面对穿衣镜，以他垂在背后的辫子朝向摄影机。他肯定需要为这些特殊要求付出更多佣金，但最后的结果应该满足了他的预想：他在照片中不但出现在镜前和镜内，而且还第三次现身，以正面姿态站在他自己和穿衣镜旁边（见图 4.3）。

除了这两张拍于北京和沈阳的剪辫照之外，相似例证也来自南方、东部和中部的其他中国城市。这些照片包括上海容新照相馆和汉口永清馆影楼拍摄的两张作品（图 4.4，4.5），都呈现出正面向外的年轻男子和映照在穿衣镜中的长辫，与王益盦的剪辫像相似。另一张同类照片则来自香港，由一家当地影楼印在当年出版的一份圣诞卡片中（图 4.6）。[8]虽然由于这些照片不带题词，我们无法了解像主的具体身份和思绪，但是它们的拍照地点说明这种使用穿衣镜拍照的"剪辫像"在 1912 年盛行于全国。这种情况并不让人惊讶，如上一章讨论的，从 19 世纪末到 20 世纪初，用穿衣镜表现女子发

8　关于这份贺卡的情况，见 http://gwulo.com/1912-farewell-to-the-chinese-queue。

图 4.4　无名男子剪辫纪念照。上海　图 4.5　无名男子剪辫纪念照。汉口永清馆
容新照相馆，约 1912 年，仝冰雪藏　影楼，约 1912 年，杨威藏

型和头饰的做法在商业摄影中已是惯例。王益盦、李宏春这样的年
轻绅士在剪掉他们珍视的辫子前，自然会选择擅长拍摄这类肖像的
商业照相馆前去留影纪念。将李宏春照片的左半与肃王妃肖像做一
对比，我们可以看到二者摄影的角度和照片中的人物姿势几乎一样
（比较图 4.3 和图 3.52）。而王益盦的照片也和许多背后放置落地镜的
青楼及满族女子像类似（比较图 4.2a 和图 3.44）。实际上，作为摄影
道具，竖直的穿衣镜可以在最大程度上照出垂至腰下的长辫，比起

图 4.6　无名男子剪辫纪念照。香港影楼，约 1912 年，香港 Gwulo 藏

聚焦于头部发型和装饰的妓女和满族女子更能发挥这种工具在人像摄影中的功用。

但是当这些男士借用流行的穿衣镜摄影模式时，他们也在三个本质的方面改造了它。首先，在他们之前，用这种落地穿衣镜照相的全部是女子。不管是在欧洲还是美洲、东南亚还是中国，无论反射的是人物的正面或背面，这种穿衣镜都被"定性"（gender）为女性，所表现的都是女子的面容、发式、身体和装饰。这组男性穿衣镜肖像的出现，因此标志了穿衣镜以及相关摄影模式的一个引人深思的"性别转换"（gender switch）。其次，如前所述，在此之前拍摄的中国女子穿衣镜肖像主要表现妓女和满族女子，而且绝大多数没有注明姓名。照片中落地镜映射的主要是西方猎奇眼光中的异域文化风俗，与照片中人物的自我表达毫无关系。然而王益盦和李宏春却是使用同样的全身大镜来表达他们对于剪辫运动和当代变革的所思所感，他们的肖像因此重新定义了穿衣镜摄影模式的社会意义，为一个标准化图式注入个人的思想和身份。

最后，这些剪辫纪念照中的穿衣镜被赋予一种特定的、不可复制的时间性。以往照片中的穿衣镜，无论映射的是女子面容、身体还是头饰，都以镜像的方式强化了摄影师所希望表现的永恒不变的女性特征，但这组剪辫纪念照中穿衣镜里的辫子却恰恰相反：它们绝不永恒，而是即将被摧毁而不复存在。这些图像所隐含的是当下之一刻，其目的是将这一刻凝固在照片影像之中。拍摄这些照片的男子都是在预想他们辫子的不可挽回的失去，因而预先策划了相应的摄影计划，将自己和自己辫子的共生肖像保存下来。换言之，他们都已经决定了要改变自己的发型和身份，但在实行这个改变之前希望留下他们目前的蓄辫形象，这也就是为什么他们诉诸这个女性特有的摄影模式，作为表达自己感情和思绪的佐助。

这些穿衣镜照片所记录的，因此既不是这些人作为清朝子民的过去，也不是他们作为无辫共和国公民的未来，而是一个交杂着对过去之留恋和对现实之承认的瞬间。这种具有如此内在矛盾、联结着两个历史时段之间的特殊时间性，被照片中的镜像生动地捕捉，同时也通过像主自题的拍照日期得到浓缩的表达：王益盦记下的拍照时间是"壬子秋八月，……八月初三日即新历九月十三日"；而李宏春写下了"中华民国元年四月四号，即壬子二月十七日十二钟"。一个十分值得注意的现象是二人都使用了双重历法，以传统农历和西方公历重复地记录这一时刻；李宏春更将当年的年份指明为"中华民国元年"，因此把镜像的时间性确定为中国历史上一个新的开端。

我们因此被重新引回到李宏春的剪辫纪念照。如上所说，这是在我们发现的五幅这类照片中唯一使用"二我图"方式的作品，也是唯一一张以像主面对穿衣镜站立的肖像（见图4.3）。在此以前，"二我图"这种摄影特技已经存在了半世纪之久，目的往往在于以摄影骗术博人一笑（图4.7）。但在这张1912年的肖像中，它被用来传达与时代变迁相关的严肃含义。正如李宏春在照片题词中表达的，清王朝已经灭亡了，可他仍然留着辫子。作为个人，他在这一时刻

图 4.7 "二我图"。载萧永盛《画意集锦郎静山》，台北：雄狮图书，2004，第 21 页

同时处于过去和当下之中。当他拍摄这张照片的时候，他想象着这个影像既是对旧政权的一个"纪念物"，又将是他的辫子的"最后之造影"。

照片中李宏春的正面像占据了构图的右半。这位衣冠楚楚的时尚青年头戴瓜皮小帽，手执一方白色手帕，像是准备外出或等待客人到来。这个常规社交形象在照片左方被逆转：这里的他摘下了帽子背对观者，相机捕捉到的是他裸露的辫子。这第二个李宏春面前立着一架落地镜，其中的映像再次将他反置。他从镜子深处的虚幻世界中向外张望，以略带诧异的表情凝视着自己，也看着照片外的观者。这个形象——穿衣镜中的自我——似乎在默默地发问：这是不是我最后一次见到留着辫子的我？剪辫之后将会是什么时代？

莫里索的《赛姬》

让我们回到 19 世纪的欧洲——当独立的穿衣镜在那里获得普及，成为中上层家庭中不可或缺的理容设备。本书第三章追述了这一发展如何引发穿衣镜摄影模式出现，以及这个模式如何传向世界并与各地的文化历史传统融合。本节讨论的是与此同时的一个现象——穿衣镜刺激了欧洲本地绘画艺术的发展，特别是当这种镜子被赋予"赛姬"的别名。

赛姬（Psyche）是希腊和罗马神话中的一个著名角色，这个名字的原意是"灵魂"，但罗马作家鲁齐乌斯·阿普列尤斯（Lucius Apuleius，约 124—约 170 年）把她重塑为美和爱的化身。在阿普列尤斯的名作《变形记》(或称《金驴记》) 里，赛姬是一位人间公主，她的惊人美貌使她成为世人崇拜的偶像，因此引起美神维纳斯的嫉妒。维纳斯派她的儿子爱神丘比特射出神箭，让赛姬不由自主地爱上一个丑陋的怪物。然而丘比特却堕入情网并把赛姬带回自己的宫殿，每晚与她相会但不让赛姬看到自己的面目。当赛姬违反了这个禁忌的时候她也就失去了丘比特，从此开始了艰难历程，完成维纳斯交下的一系列任务以期与丘比特重聚。她与丘比特的爱情最后感动了大神宙斯，赐予赛姬永生，得以和丘比特永远生活在一起。

历史上的许多艺术家描绘了这个故事，大都集中在丘比特与赛姬夜间相见的情节。但这一情况在 19 世纪发生了变化：赛姬和大镜子之间忽然建立了联系，这个联系遂成为当时许多绘画和摄影作品的灵感来源。造成这个变化的契机是法国名作家拉封丹（Jean de la Fontaine，1621—1695 年）所写的《赛姬与丘比特之爱》一书，此书于 1669 年出版后轰动朝野，为赛姬故事提供了一个新的流行版本。这本献给布雍公爵夫人玛丽·安·曼西尼（Marie Anne Mancini，1649—1714 年）的田园小说结合了散文和韵文，以时尚的华丽辞藻把一个古代传说移植进路易十四的法国宫廷。书中脍炙人口的一个情节是赛姬去到丘比特的宫殿之后，由仙女们带领着参观宫殿中一个接一个的奇幻大厅。对于拉封丹用来形容这些厅堂的辞藻，这本书最早的英文版译者约翰·洛克曼（John Lockman）在 1744 年不无讥讽地评价说："法国人犯的一项最大错误——关于他们的装饰——是所有的东西都过于花哨和俗气。"[9]

拉封丹在其对赛姬的描写中不断地使用镜子和水泉，似乎这位美女的自身存在还不足以充分展示其美丽，必须由她的映像再次强调。当赛姬到达这个奇异宫殿的第一天晚上，仙女们引她在芬芳的水池中洗浴，然后在镜中看见出水芙蓉般的自己。在与丘比特共度良宵之后，充满幸福感的她在宫殿中徜徉，在一间大厅里看到古代

9　John Lockman, *The Loves of Cupid and Psyche*, London: H. Chapelle, 1744, p133。

美女的雕像——这里是特洛伊的海伦，那里是大马士革的阿尔米达，都曾以自己的美貌倾国倾城。然后：

> 在她们之间赛姬突然看到自己的形象，
> 发出比所有雕像都优雅的光芒。
> 面对这个形象她感到一种秘密的喜悦，
> 无法将目光离开，她欣喜若狂。[10]

拉封丹没有明说赛姬如何看到自己的形象，因为这对 17 世纪的法国贵族来说不是个问题：皇宫大厅中经常陈设着希腊罗马神话人物的雕像，与观者的形象一起反射在墙上的镜中。果然，这种人物、影像和艺术品之间的互换，在随后一节中被拉封丹清楚地点出：

> 我们的美人——抑或是绘画和雕塑——暗中查看着自己
> 的狂喜面容，
> 朝着这张面孔她转过她的视线。
> 在所有镜子里，还有每条钻石般的小溪中，
> 她映射出的形象仿佛更加明亮灿烂。[11]

10　John Lockman, *The Loves of Cupid and Psyche*, London: H. Chapelle, 1744, p138.

11　Ibid.

正是由于拉封丹书中这个顾影自盼的情节，当穿衣镜风行后它被法国人称为"赛姬"。这个物件由此被全然女性化并与女性美及艺术创作联系在一起，力图取悦大众的画家和摄影师也因此获得了一个显示机智的方便之门。而当他们的作品不断以"赛姬"穿衣镜表现女性，它们也就在现代消费社会的环境中再造了这个半人半神的古老形象。

就像作为物品的穿衣镜一样，这个新的赛姬形象流通于社会中的各个层次，朝着一个极端化为色情意味的镜前女像，朝着另一极端衍生出学院派的古典主义裸体。费利克斯-雅克·慕林是巴黎的一个商业摄影师，1851年开办影楼时在商业局注册的专长是"裸体习作"。我们已经见到过他的一幅作品，拍摄的是一个穿衣镜前的裸体女郎，细腻的染色和豪华的册页式装裱强调了私密的氛围（见图3.5）。他的另一幅作品是一对立体照片，其中一个头戴花冠的裸女正如痴如狂地亲吻着穿衣镜中的自己（图4.8）。这个形象把美女赛姬和希腊神话中化为水仙花的男青年——爱上自己倒影的纳西索斯（Narcissus）——结合在了一起（图4.9）。穿衣镜于是成为清澈水塘的现代转译，成对的立体照片进而提供了彼此的镜像。

这种由"穿衣镜—女性美—古典艺术"构成的三位一体结合，在摄于同一时期的另一对立体照片中被给予更为寓言式的表达：摄影师把一座古代裸体女像直接放在镜前（图4.10）。人们可以把这个女像看成是希腊罗马时代的赛姬，她的形象在这里被称为"赛姬"的现代镜子复制。由此我们也可以更加了解另一幅同时期照片的隐

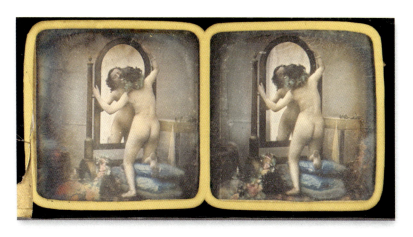

图 4.8 费利克斯-雅克·慕林，《亲吻穿衣镜中自己的裸女》。约 1854 年，盖蒂美术馆藏

图 4.9 约翰·威廉姆·沃特豪斯（John William Waterhouse），《纳西索斯》。油画，1903 年，利物浦沃克美术馆（Walker Art Gallery）藏

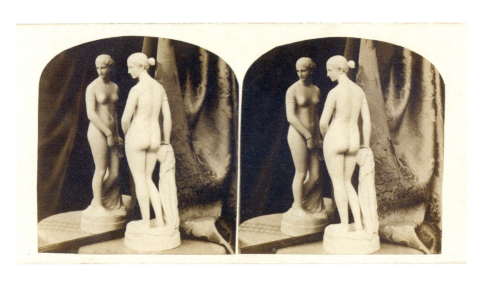

图 4.10　不知名摄影师，《镜前雕像》。黑白立体照片，约 1865 年，盖蒂美术馆藏

喻：一个真实的现代女郎取代了镜前的古典雕像（图 4.11）。两幅照片的同样构图和使用的同样的"赛姬"穿衣镜，在这个女郎和古代神话中美人之间画上等号。

　　一幅曾被高度赞誉的 19 世纪晚期英国学院派油画——虽然它的光芒在随后的年代中已经黯淡了很多——是弗雷德里克·莱顿（Frederic Leighton，1830—1896 年）的《沐浴的赛姬》（图 4.12）。莱顿是当时流行于上层社会的新古典主义唯美画派最著名的代表。身为皇家美术学院院长，他的风格几乎成为英国学院派绘画的代名词。这幅油画描绘赛姬初至丘比特的宫殿，将要走入池塘沐浴的瞬间。她侧转身体抬起左臂，手中举起的白色浴巾衬托出她希腊雕像般的完美裸体，面前水池中的倒影使我们再次联想到纳西索斯的故事

图 4.11　奥古斯特·布鲁诺·布拉奇海思（Auguste Bruno Braquehais，1823—1875 年），《镜前裸女》。上色黑白照片，1850—1852 年，盖蒂美术馆藏

（见图 4.9）。在被作为英国学院派绘画典范讨论时，研究者的注视点集中于画面的风格而忽略了画幅的物质因素，包括它的特定尺寸、不寻常的比例和画框的样式。这些因素之所以重要是因为它们都隐喻着"赛姬"穿衣镜：画的通高接近 190 厘米，宽约 62 厘米，正好是当时流行的穿衣镜的尺寸和比例；模仿希腊宫殿大门的金色边框，包括两边的立柱和上方的横额，也与穿衣镜的设计共通（图 4.13）。画

图 4.12　弗雷德里克·莱顿,《沐浴的赛姬》。油画，1889—1890 年，英国西萨塞克斯斯坦登庄园（Standen House and Garden）藏

图 4.13　带有建筑边框的穿衣镜。19 世纪初期

题中的"赛姬"因此被给予双关含义：一方面它指画中的美女，另一方面也指整幅作品模仿的穿衣镜。画中的美人凝视着自己在水池中的倒影，画前的女性观者也可以通过这面模拟的"赛姬"镜子想象自己。

§

只有了解了这两类与赛姬有关的流行女性形象——带有色情意味的影楼制品和唯美主义的学院派油画——以及被其弥漫的 19 世纪欧洲的社会文化空间，我们才能理解贝尔特·莫里索（Berthe Morisot，1841—1895 年）的革命性——这位印象派女画家大胆地采用了流行甚至"低俗"的镜前女子模式，但以独立的自身主体性消解了这种模式所隐含的群体化的男性窥视目光。

莫里索出身于一个颇有声望的官吏家庭，她的父亲是巴黎审计法院的审核官，她的艺术基因则来自祖父让·奥诺雷·弗拉戈纳尔（Jean Honore Fragonard，1732—1806 年）——洛可可艺术的最后代表人物。莫里索最初从学院派入门学画，但不久就转向崇尚自然的巴比松画家卡米耶·柯罗（Jean Baptiste Camille Corot，1796—1875年）。十九岁时和"印象派之父"爱德华·马奈（Édouard Manet，1832—1883）的结识给她带来一生的影响：不但马奈的探索精神使她看到艺术的深层意义，通过马奈她还认识了莫奈、雷诺阿、德加等人并成为印象派的一员，还嫁给了马奈的弟弟欧仁。马奈也给她

图 4.14 爱德华·马奈,《戴紫罗兰的贝尔特·莫里索肖像》。油画,1872 年,巴黎奥赛博物馆藏

画了多幅精彩肖像。(图 4.14)

莫里索一生并没有什么戏剧性事件。她情感细腻、笔触流畅的作品大多以家庭生活为题,有限的室外作品所表现的也大都是庭院和花园。在这一点上她和男性印象派画家相当不同,后者的视野常常涵盖城市公共空间和更丰富复杂的社会生活。原因主要在于那还是女性画家刚刚进入公共视野的时候,受到种种习俗的限制,她对家庭和室内空间的专注因此也仍然沿循着女摄影家哈瓦登夫人的范例(见图 3.8—3.9,3.12—3.16)。但这二人之间也存在着巨大区别:晚生于哈瓦登夫人二十年,莫里索赶上了西方艺术史中的一个关键转折时期,新一代年轻艺术家自觉地反叛传统,把绘画风格和内容作为传达个性的

工具。其结果是虽然莫里索没有在绘画中描绘广阔的社会生活，但她在发掘女性主体性方面达到了男画家无法企及的深度和敏感性。

不止一位美术史家注意到莫里索对镜子的兴趣——这个形象在她的画作中反复出现，包括多种形态。[12] 本书的关注点使我们把注意力放在三幅包含大型穿衣镜的作品上，这也是她所有"镜前女人"图像中最重要的作品。仔细分析这三幅画，我们可以发现她在使用这一流行再现模式中的微妙变化和自我定位的不断调整。这种调整也随着她艺术的成熟而不断深化。

三幅画中的一张题为《梳妆女子》（图 4.15）。虽然它展出于1880 年举行的第五次印象派展览，但研究者认为其创作时间可能早至 1875 年。众所周知，1876 年举行的第二次印象派展览受到保守派的激烈抨击，一个口舌歹毒的评论者把参展艺术家说成是"五六个疯子，一个是个女的"。在这类反对派看来，这个女艺术家——也就是莫里索——的这类作品在内容和风格两方面都不足为训。从题材上看，它代表了一位女性艺术家对"对镜女子"流行图像程式的颠覆：画中女子虽然流光溢彩，但拒绝被男性观者拥有。她避开观者的目光，转向面前的镜子，但镜子并未映现她的面容，而是以空

12 Anne Higonnet, "The Other Side of the Mirror," in T. J. Edelstein (ed.), *Perspectives on Morisot,* New York: Hudson Hills Press, 1990, pp. 67-78; *Berthe Morisot's Images of Women,* Cambridge, Mass. and London: Harvard University Press, 1992, pp.246-48; Mary Jacobus, "Berthe Morisot: Inventing the Psyche", *Women: A Cultural Review* 6(1995), pp. 191-199.

图 4.15 贝尔特·莫里索，《梳妆女子》。1875—1876 年，芝加哥美术馆藏

虚的朦胧拒绝了"对镜女子"图像的传统许诺（见图 4.8，4.11）。由面容缺失造成的内容模糊进而把绘画风格推至前台，成为展示画家个性的最主要渠道。也正是在这里，莫里索充分显示出她作为艺术家的功力和才能，以灵活潇洒的画笔描绘出一个银灰色调的女性空间，流动的笔触和色彩隐含了画中女性出席舞会前的兴奋心情。

　　有意思的是，莫里索在 1877 年的第三次印象派展览中展出了一幅与此相同主题的作品，而且大胆地将其直接题为《赛姬》(*La Psyche*)，因此对当时的流行文化以及学院艺术发起一望可知的挑战（图 4.16）。说到这里，我们需要指出这张画的诸多翻译名称——《镜

图 4.16 贝尔特·莫里索,《赛姬》。1877 年,西班牙马德里提森–博内米萨国家
博物馆藏

子》《穿衣镜》或《镜前的女人》——都存在着严重的问题，因为它们失去了艺术家着意安排的一个双关含义："赛姬"在这里同时意味着画中的镜子和镜前的女子。

与《梳妆女子》一样，这张画描绘的也是女子出门前的一刻，这次是在穿衣镜前束紧腰后的带子。但画幅的场面更大，纪实性也更强：我们不但看到这个女子的体态和相貌，而且也看到她的铺着大地毯的明亮居室，以及绣花的乳色窗帘和沙发套。艺术家与对镜女子图式的"交涉"（negotiation）因此也变得更加细腻和内向。在美术史家格里塞尔达·波洛克（Griselda Pollock）看来，"莫里索的画让观者看入一个富家女子的卧房，因此在这个意义上并非不具窥视的潜力。但与此同时，画中的女子并非被观看的对象，而是被表现成对镜沉思的一刻。作为沉思的主体，还有她内省的样子，这个形象都有别于作为客体的女子。"[13] 以此看来，莫里索试图在这张画中争取的，是把描绘的重点从对暴露的身体——这是所有流行对镜女子图像的出发点和目的——移动到对心理的表现。与其是以赤裸的女性身体引起男性观众的欲望，它传达的是一种远为细腻、试探和迟疑的感觉。

这个系列中的第三幅画作于十四年后，正是莫里索五十岁那年（图 4.17）。比起前两幅，这张画中显示出的女性主体性更为直接有力：画中女子更为大胆地暴露出上半身的一边，但同时也更强烈地

13　Griselda Pollock, *Vision and Difference: Feminism, Femininity and the Histories of Art*, London, Routledge, 2015, p.81.

图 4.17　贝尔特·莫里索，《赛姬之前》。1891年，瑞士马蒂尼加纳达藏品博物馆
（Fondation Pierre Gianadda）藏

抵制着窥探的目光。呈现给观众的身体以粗放的笔触绘出，再现了略微松弛的苍白皮肤和皮下的骨骼，明显不合乎学院派艺术和流行趣味对理想女性身体的期待。女子的形象虽然在镜中显现，但面容和胸部都以潦草的画笔一带而过——艺术家因此更为明确地出空了传统对镜女子图像的许诺。半披在身上的衣服不再具有柔滑的质料和华丽的闪光，而是沉甸甸地垂挂在腰间，镜子右边的床头透露出这是一个私人空间——但它属于谁？

美术史学者安·伊戈内（Anne Higonnet）找到了回答这个问题的一个突破点：这是穿衣镜映出的对面墙上的一幅油画，出现在镜中人头顶之上。经过多重对证，她得以确定这是马奈于1873年画的一幅莫里索像（图4.18）。[14] 看来这幅肖像对莫里索有着不一般的意义，她因此在不止一幅画作中把它画在了背景之中。[15] 很可能这是对已故知己的一个私下纪念——马奈于1883年去世，莫里索的这些画都在这以后创作。我发现的这幅画作的一张草图也可以佐证画中空间是她的有意建构——这张草图只显示了镜前拢发的女子和她的映像，还有旁边的床头一角（图4.19），镜子中的画幅是以后加上去的。这也支持了伊戈内的一个观点：她认为这张潦草的"画中画"

14　Anne Higonnet, "The Other Side of the Mirror," in T. J. Edelstein (ed.), *Perspectives on Morisot,* New York: Hudson Hills Press, 1990, p.75. 这幅画像题为《斜倚的莫里索》（*Berthe Morisot Reclining*），现藏于巴黎的马蒙丹莫奈美术馆。

15　这些画作包括1893年的《茱丽拉小提琴》（*Julie Playing a Violin*）。1886年的《起床》（*Getting Up*）表现的也是同一空间。

图 4.18　爱德华·马奈,《斜倚的莫里索》。油画,1873年,巴黎马奈美术馆藏

图 4.19　贝尔特·莫里索,《赛姬之前》草图。1890年,巴黎卢浮宫藏

是莫里索的隐藏"签名",意在指出画中空间是自己的卧室。关于这个私人空间对莫里索的意义,我们在她创作这张画的同年(1891)所写的日记中读到:

> 我曾经多么傻,竟以为外在的东西具有任何重要性,以为我的幸福会和墙壁有关系……这个裘丽(注:莫里索的女儿)长大的内在空间,我在这里进入迟暮之年。我的记忆存在在我的内部,永远不会朽坏。[16]

16 转引自 Jackie Wullschläger,"Berthe Morisot: How the subversive female Impressionist shaped the canon,"*Financial Times*, June 20,2019。https://www.ft.com/content/ea878940-91e2-11e9-b7ea-60e35ef678d2

尾声　大镜的失落

　　如果本书的"楔子"说的是人们在没有获得大镜时对大镜的想象，此处的"尾声"则是关于人们获得大镜后对它的想象的失去。其间的症结并不是物质意义上的消失，实际上大镜越来越多地充斥于日常生活之中——在百货商店的更衣室、十字路口的转角处，甚至公共场所的洗手间。关键的是，可能正是因为这种无处不在，大镜逐渐在艺术创作和流行文化中失去了它的魅力，也失去了它的深层意义和对艺术想象的刺激，蜕变为纯粹功能性的私人或公众设施。它不再象征财富和权力的拥有也不再激起内心深处的欲望和憧憬，剩下的就只是一块镀了水银的大玻璃，损坏了便很容易再换上一块。吟咏这个失落过程的艺术作品可说是"穿衣镜的天鹅之歌"，而其中最动人的一首，在我看来是印度电影大师萨蒂亚吉特·雷伊（Satyajit Ray，1921—1992 年）于 1958 年导演的电影《音乐室》（*The Music Room*）。

　　这部黑白电影表现的是一个世界的消亡，一起失去的是属于这个世界的音乐、舞蹈和建筑。故事的主人公是一个名叫罗伊（Roy）

a	b	c	d
e	f	g	h
i	j	k	

图 Ⅱ.1（a—k） 萨蒂亚吉特·雷伊导演的电影《音乐室》中的镜头。1958 年

的没落领主，他的先祖曾经拥有过大片土地和大量财富，但到他手里就只剩下一座空荡的宫殿和保险箱中迅速消失的珠宝。石筑的宫殿矗立在荒凉的大河之滨，沙岸上没有任何树木或其他建筑以软化它的轮廓（图 II.1a）。它黑黝黝的巨大侧影像是一只临死前的大象，既是一座纪念碑又是一座废墟（图 II.1b）。罗伊一个人居住在这个充满回音的大厦里，只有一名仆人和一个管家陪伴。他的妻子和儿子在一次暴风雨中葬身洪水，留给他的是殿堂中的更多空虚。

宫殿的核心是一间叫作"音乐室"的大厅，同时是影片事件发生的中心场所和往日记忆的寄托之处。在罗伊熟悉的那个世界里，有地位的世袭领主们也是传统音乐和舞蹈的鉴赏家和保护者。音乐室中举行的演出——只有同等身份的上层男性才被邀请观看——是他们生活中最隆重的场合，因为这些活动不但显示出他们的权势和影响力，更重要的是证明了他们所拥有的文化，以及连带的艺术趣味和礼仪风度。

　　影片开始不久就呈现了这样一场演出——罗伊回忆中的倒叙起始。那时他尚未被生活完全击倒，他在音乐厅中四顾睨视的目光仍然充满相当的自信。这时我们看到了这面大镜子，以它不同凡响的尺度和豪华的镜框映出他的身影（图Ⅱ.1c）。竖立在舞台后壁正中，

它的巨大镜面反射出音乐室的整个空间，从最远处的门口到席地而坐、抽着水烟的观众，再到更近处的歌手和乐队（图Ⅱ.1d）。这个宏观场面在影片中出现了三次，围绕着罗伊组织的三次盛大演出，以精彩的歌舞和空间的微妙变化支撑起整个电影的美学结构。当镜头向前推进显示演员的身段和表情，镜子出现在他们背后有如肖像画框（图Ⅱ.1e）。而从罗伊和客人们的角度，他们所欣赏的既是面前的演出也是镜中的自己，还有环绕的仆从，在无声镜像中有节奏地挥动着巨大的羽扇（见图Ⅱ.1f）。

这面镜子还将出现许多次，逐渐把影片的若干线索集中到一个真实和比喻的焦点。这些线索包括梦境般传统世界的崩溃和消失、罗伊对传统的执着和留恋，以及他与暴发户马希姆（Mahim）的无望竞争。大镜的真实性在于它是罗伊宫殿和生活的中心，不断参与着曾经发生和正在发生的事件；它的比喻性在于它总在传达着超乎现实生活的信息，不管是怀旧的感伤还是讽诫与教训。当马希姆第一次前来商讨购买土地时，罗伊特别告诉仆人把和这个暴发户的会面安排在音乐室中。当他向后者显示自己尊贵和悠久的世系的时候，他同时欣赏着映射在马希姆背后大镜中的自己，穿戴着雪白的贵族礼服和头冠（图Ⅱ.1g）。在影片的另一个情节中，当他向仆人夸耀他

的家世和贵族血统的时候，他先是历数墙上挂着的油画肖像中的祖

先，最后聚焦到镜中的自己（图Ⅱ.1h）。

　　但是如果说油画肖像凝固了祖先的永恒面容，镜中的影像却

在不断变化，而这也正是罗伊此时看到的自己。与他想象中贵胄

子弟的英俊形象天差地别，镜中映出的是一个行将就木的衰老面孔（图Ⅱ.1i）。音乐室中的吊灯曾经辉煌闪耀，现在它的烛火一个个熄灭，镜中的罗伊也渐渐沉入黑暗（图Ⅱ.1j）。舞台上的大镜中剩下一片空白，音乐室里一片狼藉（图Ⅱ.1k）。

后　记

　　2020 年 2 月 6 日，我策划的《物之魅力：中国当代材质艺术》展览在芝加哥的两个场馆同时开幕。我在参加开幕式和随后的研讨会时已知道不能按照原定计划回国，继续进行这个"研究年"中的实地调研——新冠肺炎已开始在全世界扩散，原定的国际班机也已取消。三天之后我和夫人蔡九迪一起去到普林斯顿高等研究院，她在那里做驻院学者，我被临时接受为一名访客。

　　"普林斯顿高等研究院"这个官方译名其实不太准确——它的英文名字 Institute of Advanced Study 并没有"普林斯顿"一词，直译就是"高研所"。它和同处一城的普林斯顿大学也没有从属关系，网站上的自我定位是"好奇心驱使下的基础研究的全球领导中心之一"。它的最知名成员，阿尔伯特·爱因斯坦，从 1930 年研究院创始就在那里，一直到 1955 年去世。

　　爱因斯坦和他的若干同事的名字，已经被用来标记驻院学者居住区的街道。我发现我们的住处离"潘诺夫斯基巷"只有一箭之遥，让人感到既荣幸又忐忑，似乎无意之间踏进一只巨大的鞋子，虽然辉煌但不免沉重。其他街道的命名在不同住客心中大概也会引起类似感觉，这个居住区因此既像墓地又如天堂——各学科的圣徒们已经化为上帝身旁的天使，年复一年地接待着一批批新来的肉体和灵魂。

这些肉体和灵魂——不包括访客身份的我——是从世界各地选拔的学术精英，许多是二三十岁的天才青年。正常情况下他们一定会骄傲而自信地维护着研究院的形象——"好奇心驱使下的基础研究的全球领导中心之一"。实际上我到达之后对此也有些见识：所有驻院学者和访客被邀参加每年一度的晚宴暨舞会，与研究院的常驻和退休教授们欢聚一堂；还有一个关于"全球化"的报告会和一个作家及演员的联合朗读，水平都不同凡响。那次晚宴中设有一个自拍快照的小亭，我和九迪坐进去拍了几张。

没想到那居然是"终结"之前的最后留影——不多久研究院就在疫情威胁下宣布无限期关闭，驻院学者或离开或进入自我隔离。我们属于后者，生活和心理上的改变和亿万人类成员基本相似，无须在此赘述。有所不同的，可能是我们的自我隔离显示为漂浮状态的无休止写作：每日我站在一个窗户前在电脑上打字，九迪坐在另一个窗户前在电脑上打字，无声无息中几个小时消失了，日出日落之间只被饮食和一个长长的散步打断。

也就是在此时我们结识了普林斯顿树林——这是我起的名字，它的惯用名称"研究院树林"（Institute Woods）似乎过于平淡。这是一片不大不小的树林，从一头直行到另一头约三十分钟。它的好处是全然不加修饰，虽在研究院左近但荒野得让人惊诧和陶醉。进入它的边际马上可以忘却外界的存在，不论是瘟疫、恐惧还是阴天或晴天。

最喜欢的是宽窄不一的林中小路，有的弯弯曲曲，有的相对开敞，有的忽然消失，有的泥泞不堪。动物不多但总有鸟声相随，几头小鹿偶尔会蹿出来，突然顿下，转过头，睁着天真的大眼看着两条腿的来客。我们初入树林尚属晚冬，四望是密麻麻的棕灰树干。干枯树杈在脚下噼啪作响，声音逝入蓝灰的轻雾。

树杈下初萌的绿色带来第一次心悸，好像是生命回归，在疫情的环伺下别有一种意味。绿色越来越广，越来越深，渐渐覆盖了土地和树枝的枯黄。造物然后洒下黄色和白色的野花，衬在草地上如同金银米粒。一天林边的沼泽忽然传来连绵不断的鸣叫，初以为是禽鸟转而意识到是蛙声。鸟儿也越来越多，九迪变成一个热心的观鸟人。整个树林最后被绿荫吞噬，野花也都隐去。青藤开始蔓延，甚至爬上树干。九迪正在写一本关于明清文学和音乐的书，忽然冒出一句：春归去。

而我也已经开始写这本小书，初拟的题目"穿衣镜全球小史"似乎是和自己开的一个玩笑。手边没有参考书和图书馆，脑子里没有日程和截止期，能写什么？该写什么？不写不是选择，因为对于写惯东西的我，放下这个习惯只可能增加额外的挣扎，带来更多的烦闷。写作的最大功用是可以带来些许的自信和自律，把无法掌握的外界因素屏蔽在可控的个人行动之外。想得寥廓一点，它甚至能够带来某种返璞归真的自如，以浮动的遐想抹去时、天、周、月的时间刻度，随手记下穿行时空的漂浮体验。

这也就是写这本书念头的萌生之际——如同普林斯顿树林的第一片绿色，曾经浅尝辄止的一个写作计划悄然复苏，开始在想象中蔓延。在众多曾经开了头但没有继续下去的写作计划中，它似乎最具有漂浮的流动性，以我的能力允许最广袤的时空游历。记得我唯一一次在公众场合中谈论这个题目的时候——那是中央美院人文学院组织的关于中西美术交流的一次集会，一位与会者说初见议程上的"穿衣镜"字样以为是印错了，没想到它能引出这么多有关艺术的东西。我决定试试它还可以引出什么，引出多少。

这个意愿随即催生出一个实际问题：以目前这种孤单的游牧状态——与书斋、图书馆和校园隔绝，手头只有一台轻飘飘的笔记本电脑——是否真有可能写一本有所担当的著作？几个月的尝试后我现在可以给出这个答案：这种状态犹如双刃剑，一方面封闭了观察性研究（empirical research）的渠道，断绝了发现尘封文献或作品的可能；但另一方面也大大激励了对网络资料的发掘，顺藤摸瓜地搜寻出形形色色的数据库，有的比实体图书馆更巨大和便利，而且能够被创意性地互联，显露出知识的隐藏维度。由于这两个原因，我仍然会告诉我的博士生们，他们的论文不能离开博物馆、遗址、档案所提供的原始材料，所有的证据都需要溯本寻源，都应该经过第一手鉴定。但我也会近乎崇拜地感叹网络空间的开放性和可能性——实际上它已经如此庞大和深邃，不但任何学者必须使用这个信息来源，而且对它的发掘和利用也在创造新的思想方式。

沿着这第二个途径，这本书从一开始就被想象成具有某种网络研究的性格，略带理论性地说是个将"流动性"内化了的文本，目的在于把读者引入时空漫游，发现迂回交叉的线索——就像随着隐蔽的小路走入普林斯顿树林，就像穿越网络本身去寻找人物和事件的联系。这个设想被写入书前的"解题"，模仿一个微型电影脚本以增加轻松之感。回答莫须有的记者提问，我宣布这本书是把穿衣镜作为主角来讲述一系列穿越时空的故事。为什么是穿衣镜？因为它把我感兴趣的三个领域——物件、绘画和摄影——串进了全球历史进程，带着我们去到不同的地方，遇到各式各样的帝王、艺术家、作家、民众……

"流动性"也是我对研究过程的想象——既然所有调研都必须以电磁波通过空气传送。但流动的不仅是信息也是人的语言和思想；这后一种交流弥补了"社交隔离"带来的生活和知识的空白，把现实中的无人区化为网上的互动场所。以下对这本书的回顾介绍因此融以"致谢"，向通过网上交流帮助了这个写作计划的机构、同事、同行、朋友、学生表达衷心的谢意。没有这些帮助和支持，这本书的写作绝无可能。

我希望感谢的机构特指那些进行了长期无形工作的单位，将巨量文字、图像和实物转化成了网络资源。一个例子是故宫博物院的《清宫内务府造办处档案》扫描文本，如果没有这份跨越两个多世纪、涵盖六十多个宫廷作坊的官方记录的网上存在，我绝无可能查寻玻璃镜在紫禁城中的使用以及清代皇帝对它们的热衷，更无可能重构一些具体的装置场景。还有盖蒂美术馆的摄影图像档案，所包容的早期照片五花八门、雅俗杂糅，有若来自 1850 年代的巴黎街头。我的研究要求不断查询美术馆藏品资料，这也基本上不再是问题：许多国内外大型美术馆已把基本藏品放在网上，做得好的甚至围绕每件藏品建构了研究性资料档案。与这种单项资料库相辅相成，大型综合性网站往往覆盖整个领域，如"知网"的庞大容量和及时上传容许我查阅所有的中文期刊——一个以往研究者无法想象的便利。作为一个网络研究的晚到者，我也是此时才首次感到电子书籍性命攸关的可贵，并惊喜地发现所需的多种西文书籍可以通过芝加哥大学、普林斯顿大学及其他学校和机构的图书馆获得，也被告知更多的电子书即将上架以适应疫情期间的需要。

使我得到更大享受的是与同行、朋友、学生通过网络的交流和磋商，不但带给我大量信息而且丰富了隔离期间的单调生活。比如当我开始留意希腊罗马的大镜与盾牌的关系，普林斯顿大学的希腊古典文学教授弗罗马·蔡特林（Froma Zeitlin）马上传来有关文献，包括一个希腊盾牌的图像集成。当我转移到大玻璃镜在 17、18 世纪欧洲的发展，耶鲁大学的卡罗琳·迪安（Carolyn Dean）教授和高研院的弗朗切斯卡·特里韦拉托（Francesca Trivellato）教授正好成了谈话的对象。那时留驻高研院的学者开始举行"网上派对"以丰富生活；特里韦拉托教授写过一本关于威尼斯玻璃制造业的书，马上提供给我有关欧洲制镜的一些有用信息；而迪安教授则帮助识读了一张 1903 年明信片上的潦草法文。说起这类印有"穿衣镜前美女"的明信片，我最早对它们发生兴趣是由于和法国摄影史学者维珍纳·蒂瑞丝的讨论，以后结识了中国摄影史学者全冰雪之后又看到更多材料。这本书很荣幸地包括了他们二位的收藏。

由于书中的"游历"穿越欧、亚、美三洲，时代则从公元前到20世纪，任何个人都不可能通晓所有这些领域。我因此不断需要"指路人"引导我进入不同地区或时期，指出关键的途径和路标。也就是在这类情况下，芝加哥大学摄影史专家乔尔·斯奈德（Joel Snyder）教授回答了查询欧美摄影中运用穿衣镜的问题；故宫博物院古典家具专家张志辉先生多次提供有关清宫镜屏以及其他物件的资料；波士顿美术馆中国部资深策展人白铃安（Nancy Berliner）博士提供了该馆收藏的一幅重要穿衣镜图像的信息和她参加故宫倦勤斋修复的个人观察；中国社会科学院历史研究所口述历史专家定宜庄教授帮我去寻访一张难得的"穿衣镜前剪辫留念"照片并提供抄录的题记；清代宫廷绘画权威和老同学聂崇正赠送给我与我的项目有关的多部著作；民间舞蹈专家、我的姐姐巫允明多次为我寻找、订购、扫描、传送网络不载的文章和图像；加利福尼亚大学伯克利分校中国文学教授袁书菲（Sophie Vopp）容许我分享她的待刊书稿 *Substantive Fictions: Literary Objects of the Ming and Qing*，其中多处讨论到清宫中的镜子；我在芝加哥大学的同事林伟正教授为我提供了他和夫人徐胭胭教授一起看到的镜屏图像；我的博士研究生、专攻摄影史的徐婷婷数次提供她在报刊和书籍中发现的珍贵材料，成为本书中几处历史叙述的关键证据。

特别需要提出的是我的两位研究助理——芝加哥大学的博士研

究生伊思昭和陈嘉艺。她们的协助使我感到好像多长了两双眼睛和两个大脑。我需要的任何中文著作陈嘉艺都能马上找到，迅速传来；她并帮我初查了19世纪末至20世纪初上海报刊上刊登的穿衣镜广告。伊思昭的一项主要工作是通读《清宫内务府造办处档案》，粗选出雍正和乾隆年间有关镜子的记录。她的主要学术方向是美术史的器物研究，对物件的熟悉使她在查对中外穿衣镜资料时敏感地注意到它们的造型和风格特征。

§

我需要最后回到普林斯顿树林——它见证了这本书的全过程，从想法的初生到终稿的完成。之所以如此，是因为我和九迪在林中散步时不时会谈到写作的进展，特别是那些让我兴奋的问题。

比如庞贝壁画中形如大镜的盾牌，为什么把不相干的两个神话故事融入图像的"互文"？

比如海昏侯刘贺的"衣镜"，或许是"宸镜"的简写因此成为"镜屏"的前身？

比如凡尔赛宫的镜厅和同时兴起的欧洲壁镜，它们是为了映射容颜还是造出空间幻象？

比如落地穿衣镜诞生于何处？——新证据似乎指向17—18世纪的中国。

比如紫禁城中的大镜都有何种形式？《对镜仕女图》中的空椅又

隐喻着谁的身体？

比如为什么《红楼梦》中所有与大玻璃镜有关的事件都发生在贾宝玉的怡红院里？

比如乾隆皇帝如何在诗文和绘画中不断表达他对镜子和镜像的兴趣？倦勤斋中的秘密"镜门"又隐藏着他的什么愿望？

比如时髦穿衣镜为何在19世纪的法国得到"赛姬"之名——神话中让维纳斯嫉妒的美貌少女？

比如初生的摄影术为什么对穿衣镜情有独钟，迅速造就了雅俗共赏的"穿衣镜肖像"模式？这个模式如何被传向全球？又是谁最先把它化为艺术创作？

比如是何机缘把一个"白奴"女孩放入两幅最早的美国穿衣镜肖像？暹罗的类似照片又为什么出自一个国王妃子的相机？

比如这个通俗肖像模式如何在法国和中国被个性化和主体化，成为表达个人思想的工具？而当一位伟大印度电影导演谱写一首献给往昔的挽歌，他的镜头为何从始至终聚焦于一面大镜？

在普林斯顿的日子里，这些问题点点滴滴地萌生，在散步的谈话中获得声音和形状，逐渐沉积在不断改动、每日加长的文字里。普林斯顿树林在这个过程中始终在场，赋予我们无私和无限的宁静和安全之感。如果我把这本书献给谁，那应该是你——普林斯顿树林。

文景

社 科 新 知　文 艺 新 潮

Horizon

物·画·影：穿衣镜全球小史

［美］巫鸿 著

出 品 人：姚映然
责任编辑：熊霁明
营销编辑：高晓倩
装帧设计：梁依宁

出　　品：北京世纪文景文化传播有限责任公司
　　　　　（北京朝阳区东土城路8号林达大厦A座4A 100013)
出版发行：上海人民出版社
印　　刷：北京九天鸿程印刷有限责任公司印刷
制　　版：壹原视觉

开 本：890mm×1240mm　1 / 32
印 张：8.75　　字 数：161,000　　插 页：2
2021年5月第1版　　2022年5月第3次印刷
定 价：98.00元
ISBN：978-7-208-16626-4/J.580

图书在版编目（CIP）数据

物·画·影：穿衣镜全球小史 / (美) 巫鸿著. －－
上海：上海人民出版社, 2020
　ISBN 978-7-208-16626-4

　Ⅰ. ①物… Ⅱ. ①巫… Ⅲ. ①古镜－研究－世界
Ⅳ. ①K865.24

中国版本图书馆CIP数据核字（2021）第047411号

本书如有印装错误，请致电本社更换 010-52187586